Fußballtraining

2 Bücher in 1

Inhalt

Wucher 1:

Kostenloses Geschenk inklusive 4
ÜBER DEN AUTOR 5
HAFTUNGSAUSSCHLUSS 7
Einleitung 8
Fußball-Fitness gegenüber Standard-Fitness 10
Verschiedene Aspekte der Fußball-Fitness 34
Oberkörperkraft – Workouts für Fußball 37
Plyometrie – Training für Schnelligkeit 43
Durchhaltevermögen 63
Geistige Disziplin 75
Ernährung 84

Wucker 2:

Ein paar Worte zum Schluss 92
ÜBER DEN AUTOR 95
HAFTUNGSAUSSCHLUSS 97
Einführung – Welche Fähigkeiten müssen zuerst entwickelt werden? .. 98
Grundlegende Kontrollfähigkeiten 102
Passfähigkeiten 130
Offensive Fähigkeiten 153
Dribbelfähigkeiten 187
Lernen Sie Fußball, indem Sie fernsehen 201
Ein Kapitel für Eltern 210
Schlussfolgerung 222

Fußball-Fitness: Trainingsroutinen, Geheimnisse und Strategien zur Verbesserung Ihrer Fußball-Fitness

Chest Dugger

Kostenloses Geschenk inklusive

Als Teil unseres Engagements, dir zu helfen, in deiner Karriere erfolgreich zu sein, haben wir dir ein kostenloses Arbeitsblatt für Fußballübungen zugesandt. Dies ist das Übungsblatt „Fußballtrainingsarbeitsblatt". Dies ist eine Liste von Übungen, die du verwenden kannst, um dein Spiel zu verbessern; sowie eine Methode, um deine Leistung bei diesen Übungen täglich zu verfolgen. Wir wollen dich auf das nächste Level bringen.bKlicke auf den Link unten, um dein kostenloses Arbeitsblatt für die Übungen zu erhalten.

https://soccertrainingabiprod.gr8.com/

Du kannst dieses Buch auch kostenlos als Hörbuch bei Audible zusammen mit einer kostenlosen 1-monatigen Audible-Mitgliedschaft erhalten. Melde dich einfach über den folgenden Link an:
https://www.audible.com/pd/B07G24HPWN/?source_code=AUDFPWS0223189MWT-BK-ACX0-123516&ref=acx_bty_BK_ACX0_123516_rh_us

ÜBER DEN AUTOR

Chest Dugger ist ein Pseudonym für unsere Fußballtrainermarke Abiprod. Wir bieten hochwertige Fußball-Coaching-Tipps, Übungen, Fitness- und Mentaltipps, um deinen Erfolg sicherzustellen.

Wir sind seit Jahrzehnten Fans des großartigen Spiels. Wie jeder Fußballfan auf der ganzen Welt sehen und spielen wir dieses wunderbare Spiel so oft wir können. Ob wir Fans von Manchester United, Real Madrid, Arsenal oder LA Galaxy sind; wir teilen eine gemeinsame Liebe für das schöne Spiel.

Durch unsere Erfahrungen haben wir festgestellt, dass es sehr wenige Informationen für den normalen Fußballfan gibt, der sein Spiel auf die nächste Stufe bringen möchte. Oder seine Kinder auf den Weg bringen möchte. Zu viele der Informationen im Internet oder auch außerhalb sind zu einfach gehalten.

Da wir uns für das Spiel begeistern, möchten wir die Botschaft so vielen Menschen wie möglich vermitteln. Über unseren Fußballtrainer-Blog, Bücher und Produkte; unser Ziel ist es, der Welt ein qualitativ hochwertiges Fußballtraining anzubieten.

Jeder, der sich für das schöne Spiel begeistert, kann unsere Taktiken und Strategien anwenden.

Hier ist ein Link zu unserer Autorenseite für andere Bücher.

Chest Dugger Autorenseite

https://www.amazon.de/-/en/Chest-Dugger/e/B078L131DT

HAFTUNGSAUSSCHLUSS

Copyright © 2023

Alle Rechte vorbehalten

Kein Teil dieses eBooks darf ohne vorherige schriftliche Genehmigung des Autors in irgendeiner Form übertragen oder reproduziert werden, einschließlich Druck, elektronisch, Fotokopieren, Scannen, mechanisch oder Aufzeichnung.

Obwohl der Autor die größtmögliche Anstrengung unternommen hat, um die Genauigkeit des geschriebenen Inhalts sicherzustellen, wird allen Lesern empfohlen, die hierin erwähnten Empfehlungen auf eigenes Risiko zu befolgen. Der Autor kann nicht für persönliche oder kommerzielle Schäden verantwortlich gemacht werden, die durch die Informationen verursacht werden. Alle Leser sind dazu aufgefordert, sich bei Bedarf professionellen Rat einzuholen.

Einleitung

Vielen Dank für den Kauf dieses Buches. Wir hoffen, dass es eine hervorragende Möglichkeit bietet, Spielern und Trainern bei der Fußball-Fitness zu helfen. Das Buch befasst sich mit der Fitness für den Fußball und legt dar, wie sich diese widerspiegelt und sich von der allgemeinen Fitness unterscheidet. Es bietet Beispiele dafür, wie die Spieler ihre Kondition für das Fußballspielen verbessern können.

Es befasst sich außerdem mit der Art von Fitness, die speziell für das Fußballspielen auf dem höchsten Niveau erforderlich ist, die unsere Fähigkeiten zulassen, unter Berücksichtigung der Wissenschaft hinter der Praxis. „Fußball-Fitness" befasst sich mit den verschiedenen Aspekten, sich fit für den Fußball zu machen.

Es sucht nach Möglichkeiten, die Kraft des Oberkörpers zu entwickeln. Es gibt praktische Anleitung in Bezug auf Plyometrie – spezifische Trainingsprogramme, um die Explosivität der Bewegung und die daraus resultierende Geschwindigkeit zu entwickeln. Doch nicht nur beim Fußball ist das Tempo gefragt, obwohl es sich um einen Sprint- und

Laufsport handelt. Das Buch bietet auch praktische Möglichkeiten, die dringend benötigte Eigenschaft der Ausdauer zu entwickeln. Um ein guter Fußballspieler zu sein, ist nicht nur die körperliche Fitness erforderlich, sondern es ist auch das geistige Bewusstsein von entscheidender Bedeutung. Positionierung, Auswahl von Pässen, Ausführung von Läufen, Konzentration – alles dreht sich um die Entwicklung einer guten mentalen Fitness, um in einer sich schnell entwickelnden Situation die besten Entscheidungen zu treffen. Dieses Buch bietet Möglichkeiten, dies zu verbessern.

Wir befassen uns auch mit der Art von Disziplin, die erforderlich ist, um fit genug zu werden, um Fußball auf höchstem Niveau spielen zu können, und wie die Ernährung dabei helfen kann, diese spezifische Fitness für das Fußballspielen zu erreichen. Wir hoffen, dass das Buch Einblicke bietet, die uns helfen, das zu erreichen, was wir uns alle für unseren sportlichen Freuden wünschen, egal ob wir auf unterhaltsamer Amateurebene, auf lokalem Liganiveau, halbprofessionell oder sogar für diejenigen spielen, die davon träumen, professionell zu spielen. Für Trainer berücksichtigt das Buch außerdem die unterschiedlichen Anforderungen an die Fitness für den Jugend- und Kinderfußball.

Fußball-Fitness gegenüber Standard-Fitness

Es besteht kein Zweifel, um gut Fußball spielen zu können, ist ein gewisses Maß an körperlicher und geistiger Fitness erforderlich. Es ist jedoch auch so, dass es nicht ausreicht, nur fit zu sein im Sinne von „in die Turnhalle gehen", um auf hohem Niveau oder auf einem Niveau, das die beste persönliche Zufriedenheit bietet, Fußball spielen zu können. Was wir vielleicht Alltagsfitness nennen, ist wichtig, aber für den Fußballplatz braucht es noch mehr.

In diesem Kapitel schauen wir uns an, was es braucht, um Alltagsfitness zu erreichen, und wie man darauf aufbauen kann, um fit für den Fußball zu werden.

Körperliche Fitness im Alltag

Was macht „fit" aus? Das hängt wirklich von jedem Einzelnen ab und davon, was er mit seinem Körper machen möchte, wie er aussehen und sich fühlen möchte. Wenn wir zwei Extreme nehmen, wird ein internationaler Stürmer in Rugby Union so fit wie möglich sein, aber ganz anders aussehen und sich anfühlen als ein Spitzenklasse-Langstreckenläufer.

Wir müssen jedoch einen Maßstab festlegen, so lasst uns daher mit den oben genannten Vorbehalten „Fitness" unter fünf Überschriften definieren. Wir können uns dann die Überschriften unten ansehen und einige der Möglichkeiten betrachten, wie sie erreicht werden können.

- Herz-Kreislauf-Fitness oder Ausdauer

- Flexibilität

- Zusammensetzung des Körperfetts

- Muskelstärke

-Muskelausdauer

Herz-Kreislauf-Ausdauer

Zuerst sollten wir definieren, was genau mit diesem Begriff gemeint ist.

Definition

Einfach ausgedrückt ist Herz-Kreislauf-Ausdauer die Effizienz, mit der Blutgefäße, Herz und Lunge die Muskeln mit Blut und Sauerstoff versorgen. Eine gute kardiovaskuläre Ausdauer ist die Fähigkeit, dies über einen langen Zeitraum tun zu können. Es setzt auch voraus, dass unser Muskelgewebe dieses Blut und diesen Sauerstoff verwendet, um die Energie für die Bewegung zu erzeugen.

Warum brauchen wir eine gute kardiovaskuläre Ausdauer?

Eine gute kardiovaskuläre Ausdauer ist wichtiger als nur die körperliche Fitness. Die Kondition hilft, das Risiko zu verringern, eine Reihe von unangenehmen Gesundheitsproblemen zu bekommen. Herzkrankheiten, Bluthochdruck, Schlaganfall und Diabetes treten weniger wahrscheinlich bei Personen mit guter kardiovaskulärer Ausdauer auf.

Aber das ist ein Sportbuch, und wir brauchen diese körperliche Kondition, um eine gute Ausdauer zu erlangen. Neunzig Minuten Fußball mit den unterschiedlichen Fitnessanforderungen des Sports erfordern von den Spielern natürlich eine gute Ausdauer. Das Gegenteil bedeutet, dass Anstrengung schweres Atmen verursacht, da die Muskeln krampfhaft nach Sauerstoff verlangen. Schweres Atmen zehrt an unserem Körper und macht müde. Körperliche Müdigkeit mindert nicht nur die Leistungsfähigkeit, sondern führt auch zu geistiger Erschöpfung.

Wie verbessern wir kardiovaskuläre Ausdauer?

Es gibt eine Reihe von Aktivitäten, die uns helfen, unsere kardiovaskuläre Ausdauer zu verbessern. Es gibt unten einige Beispiele, und der beste Rat ist, die Aktivitäten zu variieren. Dies trägt dazu bei, die Übungen frisch zu halten, und verringert auch die Wahrscheinlichkeit von Verletzungen, die durch sich wiederholende Aktivitäten verursacht werden.

Gehen

So einfach fängt es an. Dreimal pro Woche 30 Minuten lang zu gehen hilft, die kardiovaskuläre Gesundheit zu verbessern, und dies macht es einfacher, zu energischeren Übungen überzugehen, was das Gehen zu einer großartigen Einstiegsaktivität macht.

Spaziergänge sollten flott genug sein, um eine etwas schwerere Atmung und einen leichten Schweiß auszulösen. Die 30-Minuten-Spaziergänge können in kürzere Abschnitte unterteilt werden, zum Beispiel in zweimal 15 Minuten, wenn das mit unserer Lebensweise besser funktioniert.

Joggen

Zweimal 30 Minuten Joggen pro Woche helfen auch dabei, unsere Ausdauer aufzubauen, dazu später mehr. Für diejenigen, die eine Weile nicht trainiert haben, ist es sinnvoll, mit 15-minütigen Abschnitten zu beginnen, um unseren Körper aufzubauen, um mit den Belastungen fertig zu werden, die wir ihm Stück für Stück zufügen.

Wenn die zweimal wöchentlichen Läufe fest in unserer Routine verankert sind, kann die Distanz erweitert werden, zuerst auf fünf Kilometer, dann auf zehn. Ein Zehn-Kilometer-Lauf dauert etwas mehr als eine Stunde bei durchschnittlicher Geschwindigkeit.

Eine letzte Steigerung kann darin bestehen, in unterschiedlicher Landschaft mit z.B. einigen Hügeln zu trainieren, was uns hilft, unser Herz und unsere Lungen etwas energischer zu belasten.

Unser Zehn-Kilometer-Lauf wird dazu führen, dass wir allmählich die typische Strecke erreichen, die wir in einem 90-minütigen Fußballspiel unternehmen würden. Wie wir jedoch später sehen werden, ist die Art und Weise, wie wir diese Distanz während eines Spiels laufen, sehr unterschiedlich und erfordert andere Arten von Training als einfaches Joggen. Nichtsdestotrotz wird uns Joggen dabei helfen, unsere Herz-Kreislauf-Ausdauer aufzubauen. Diese Aktivität wird, wie wir später sehen werden, einen wichtigen Teil einiger fußballbezogener Übungen und Workouts bilden, die unsere allgemeine Fitness für den Sport verbessern werden.

Schwimmen

Schwimmen ist insofern großartig, als es die kardiovaskuläre Ausdauer aufbaut, ohne unsere Muskeln zu stark zu belasten. Den besten Effekt erzielt man, wenn man die Strecke etwa alle vier Längen variiert. Dies hilft uns, verschiedene Muskeln aufzubauen.

Radfahren

Es mag überraschen, dass eine 40-minütige Radtour ungefähr die gleiche Anzahl an Kalorien verbraucht wie eine 40-minütige Schwimmrunde. Radfahren hilft uns jedoch, unsere Beinmuskulatur aufzubauen, die ein wichtiges Merkmal für den Fußball ist!

Sobald eine gute Ausdauer entwickelt ist, trägt das Radfahren in unterschiedlichem Gelände dazu bei, unsere Beinmuskulatur noch mehr zu trainieren, und spiegelt die Art der Aktivität in einem Fußballspiel tatsächlich besser wider als Schwimmen, Laufen oder Gehen.

Aerobic-Übungen

Übungen wie Tanzen, Steppen und Aerobic sind großartig, um unsere Lungenkapazität zu entwickeln und die Fähigkeit unseres Körpers zu maximieren, Sauerstoff durch unser System zu pumpen. Die Vielfalt der Aktivitäten trägt dazu bei, verschiedene Muskelgruppen aufzubauen, und unter der Leitung eines Trainers (oder, der Bequemlichkeit und Wirtschaftlichkeit halber, einer DVD oder eines YouTube-Videos) bleiben wir in Bewegung. Viele Menschen finden Aerobic- und Tanzaktivitäten angenehmer als sich wiederholende Übungen wie Joggen oder Schwimmen. Da es in Innenräumen durchgeführt werden kann, ist es auch weniger abhängig von den Wetterbedingungen. Während es definitiv eine zusätzliche Motivation gibt, wenn wir mit einer Gruppe arbeiten, ist die Aktivität zu Hause jedoch bequemer, weil wir eine Übungseinheit in unserem Wohnzimmer oder Schlafzimmer durchführen können.

Heimbasierte Übung

Es gibt Zeiten, in denen wir keine Zeit haben, ins Fitnessstudio zu gehen, oder das Wetter macht das Radfahren unattraktiv. Wir können jedoch zumindest für ein paar Tage in der Woche unser eigenes nützliches Trainingsprogramm zu Hause durchführen.

Dreimal täglich zehn Minuten lang die Treppe hinauf und hinunter zu gehen, hilft dabei, sowohl die kardiovaskuläre Ausdauer als auch unsere Beinmuskulatur aufzubauen. Wenn wir ein Minitrampolin haben, kann dies für ähnliche Zeitspannen verwendet werden und hilft wiederum unserer Fitness.

Flexibilität

Definition

Einfach ausgedrückt, meinen wir mit Flexibilität die Fähigkeit, sich zu verbiegen, ohne dabei zu zerbrechen. Was darauf hindeutet, dass es sich um ein ziemlich wichtiges Attribut handelt. Niemand von uns möchte mitten im Spiel zerbrechen!

Da sieht man sofort, wie wichtig Flexibilität im Fußball oder eigentlich in fast jeder Sportart ist.

Wenn wir nicht flexibel sind, könnten wir häufiger Verletzungen erleiden und unser Spielvergnügen wäre sehr begrenzt, oder unsere Spielzeit würde verkürzt.

Flexibilität ist aber ebenso wichtig in Sachen Alltagsfitness. Es hilft nicht nur, Zerrungen und Verstauchungen vorzubeugen, sondern bedeutet auch, dass unsere Mobilität mit zunehmendem Alter weniger beeinträchtigt wird.

Wie entwickeln und erhalten wir Flexibilität?

Der Arsenal-Trainer Arsene Wenger revolutionierte den Fußball in England durch seine Trainingsroutinen und die Bedeutung, die er der Ernährung beimisst. Wir werden darauf später noch etwas genauer eingehen, aber er verbesserte seine Spieler auch dadurch, dass er ihre Flexibilität erhöhte. Infolgedessen waren ihre Bewegungen schneller, geschmeidiger und ausladender.

Dehnung

Die Liste der Vorteile des Dehnens ist lang:

- Das Verletzungsrisiko wird reduziert
- Muskelkater wird vorgebeugt
- Die Körperhaltung verbessert sich (was auch dazu beitragen kann, Verletzungen zu reduzieren und die Leistung zu verbessern)
- Rückenschmerzen wird vorgebeugt
- Die Koordination wird verbessert

- Muskelschäden werden schneller repariert

- Schmerzen beim Bewegen werden reduziert

- Es gibt eine Zunahme von Blut und der Versorgung des Körpergewebes

- Endorphine werden freigesetzt und verbessern unser Wohlbefinden.

Bei jeder Art von Dehnung sind einige Regeln zu beachten.

- Dehne dich nach dem Training und konzentriere dich auf die beanspruchten Muskeln
- Halte die Dehnungen fünfzehn bis dreißig Sekunden lang
- Beim Dehnen nicht springen

- Dehne dich regelmäßig, nicht nur während deiner Trainingseinheit

Wadendehnung

Stelle einen Fuß hinter dich und halte das Bein gerade. Halte die Ferse des Fußes fest auf dem Boden. Beuge das Knie deines vorderen Beins, bis du spürst, wie sich die Wade deines hinteren Beins dehnt. Halte die Dehnung dreißig Sekunden lang und wiederhole sie dann mit dem anderen Bein.

Kniesehne dehnen

Strecke ein Bein gerade nach vorne und ruhe dich auf der Ferse aus. Halte deinen Rücken gerade und kippe von den Hüften nach vorne, bis du spürst, wie sich die Rückseite deines Beins dehnt. Halte eine halbe Minute und wiederhole dann mit dem anderen Bein.

Hüftdehnung

Lege dich für diese Dehnung mit dem Rücken auf den Boden. Kreuze deinen rechten Fuß über dein linkes Knie. Falte deine Hände hinter deinem linken Oberschenkel zusammen und ziehe sie sanft zu dir heran, wobei dein Oberkörper entspannt bleibt. Dreißig Sekunden halten und dann die Beine wechseln.

Brustdehnung

Wir können bei dieser Übung stehen oder sitzen. Wir legen unsere Arme hinter unseren Rücken und verschränken die Finger (wenn dies nicht möglich ist, legen wir die Arme einfach so weit wie möglich hinter uns). Strecken dann die Arme und heben sie leicht an, bis eine Dehnung in der Brust zu spüren ist. Für dreißig Sekunden lang halten.

Trizeps-Dehnung

Auch hier können wir diese Dehnung entweder im Stehen oder im Sitzen ausführen. Wir strecken einen Arm gerade nach oben, beugen ihn dann im Ellbogen und legen unsere Hand hinter unseren Kopf. Mit dem anderen Arm ziehen wir sanft an unserem Ellbogen. Die Dehnung dreißig Sekunden lang halten, dann die Arme wechseln.

Schulterdehnung

Ob im Sitzen oder Stehen, wir legen unseren linken Arm direkt über unsere Brust und zeigen mit unseren Fingern gerade nach außen. Wir verwenden unseren anderen Arm, um den Arm zu ziehen, bis wir eine Dehnung in der Schulter spüren. Wir halten dreißig Sekunden lang und wiederholen dann mit dem anderen Arm.

Zusammensetzung des Körperfetts

Definition der Zusammensetzung des Körperfetts

Wir meinen mit diesem Begriff die relativen Mengen an

Fett und anderer Masse in unserem Körper. Die andere Masse besteht aus Knochen, Organen und Muskeln. Idealerweise wollen wir eher eine schlanke Körpermasse als zu viel Körperfett.

Warum ist es wichtig, das Körperfett unter Kontrolle zu halten?

Dafür gibt es eine Reihe von Gründen. Langfristig ist die Gesundheit besser mit weniger Körpermasse, Krankheiten wie Herz-Kreislauf-Probleme, Diabetes, Bluthochdruck, Schlaganfall, Alzheimer und einige Krebsarten werden mit geringer Körpermasse stark reduziert.

In Bezug auf unsere Trainingsroutine verstopft Fett unsere Arterien und verlangsamt unseren Kreislauf. Dies übt mehr Druck auf das Herz aus, Blut durch den Körper zu pumpen, was bedeutet, dass wir schneller ermüden. Hinzu kommt, dass die Menge an Sauerstoff, mit der wir unsere Muskeln versorgen, reduziert wird, was bedeutet, dass sie weniger effizient sind und weniger gut funktionieren.

Möglichkeiten zur Kontrolle der Körpermasse

Wir werden uns später in diesem Buch mit der Ernährung im Zusammenhang mit der Fitness für den Fußball befassen. Aber die Ernährung ist ein wichtiger Faktor bei der Verbesserung der fettfreien Körpermasse.

Fettarme und auch ebenso proteinreiche Lebensmittel helfen dabei. Auch die Art und Weise, wie wir uns ernähren, kann ein Faktor sein. Es ist bekannt, dass das Training nach einer kurzen Fastenzeit, beispielsweise nach einer Nachtruhe, dazu führt, dass unser Körperfett unabhängig von der Übung schneller verbrannt und durch weniger Körpermasse ersetzt wird.

In Bezug auf Bewegung gibt es leider kein Wundertraining, aber Aktivitäten mit hoher Intensität verbrennen mehr Fett als Aktivitäten mit niedriger Intensität. Zum Beispiel verbrennt Sprinten effektiver Fett als Joggen. Hochintensive Trainingseinheiten im Fitnessstudio wie Radfahren oder Rudern helfen ebenfalls bei der Fettverbrennung. Allerdings sollte eine gute allgemeine Fitness erreicht sein, bevor man an dieser Art von intensiver Aktivität teilnimmt.

Intervall-Training

Intervalltraining bedeutet Aktivitäten mit hoher Intensität gefolgt von kurzen Pausen. Es ist ersichtlich, dass dies eher dem Fußballspielen nachempfunden ist, wo auf kurze, intensive Läufe oder Dribblings kurze Erholungsphasen folgen.

Für Anfänger oder diejenigen, die in Form kommen

müssen, ist ein grundlegendes aerobes Intervalltraining, manchmal auch AIT genannt, ein guter Einstieg. Dies kann mit jeder Art von Aktivität verwendet werden, aber wir verwenden das Laufen als Beispiel. Ein 15 bis 20 minütiges Training wäre ein guter Ausgangspunkt; bestehend aus drei bis vier einminütigen Sprints mit mäßigem oder zügigem Gehen dazwischen. Wir bauen dann darauf auf, die Gesamtdauer der Übung und die intensiven Aspekte zu verdoppeln.

Wenn wir dann fitter und selbstbewusster werden, führen wir in den ruhigen Phasen ein härteres Training ein – bleiben wir also beim Laufen als Beispiel, wir könnten 45-50 Minuten lang trainieren, mit zehn zweiminütigen Sprints, die mit mittlerem Joggen durchsetzt sind. Durch die zusätzliche Intensität unseres Trainings erzielen wir immer schnellere Ergebnisse.

Arbeiten mit Gewichten

Es sind nicht die Gewichte an sich, die helfen, Fett zu verbrennen und dich in ein Bündel schlanker Körpermasse zu verwandeln. Es ist der Widerstand, den Gewichte bieten. Ähnliche Effekte können ebenso erzielt werden, wenn man gegen eine Maschine oder sogar eine Wand arbeitet.

Das verwendete Gewicht sollte eine Herausforderung

darstellen und Druck auf unsere Muskeln ausüben, aber nicht so schwer sein, dass Tränen fließen oder Verletzungen verursacht werden. Wenn möglich, ist es am besten, sich von Angesicht zu Angesicht über die Höhe des angehobenen Gewichts beraten zu lassen. Dies hängt von einer Reihe von Faktoren ab – Körpermasse, allgemeine Fitness, Geschlecht und Alter.

Wenn alles andere fehlschlägt, findest du Ratschläge auch online, aber es ist definitiv am besten, mit einem Fitnessexperten oder Arzt zu sprechen, bevor du beginnst. Die Arbeit mit Widerstand hilft auch bei der kardiovaskulären Ausdauer, aber der Hauptvorteil besteht darin, dass das Training die Fähigkeit des Körpers erhöht, Fett sowohl während des Trainings als auch für einen Zeitraum danach zu metabolisieren (verstoffwechseln).

Unten sind einige Übungen mit Gewichten, aber beginne alle Aktivitäten mit einem sanften Aufwärmen, mache eine Runde Übungen mit leichten Gewichten und wiederhole dann mit den Gewichten, die die gewünschten Ergebnisse liefern. Wiederhole schließlich jede Übung 10-14 Mal. Übungen mit Gewichten können zwei- bis dreimal pro Woche durchgeführt werden.

Übungen

Hier ist eine Auswahl an Übungen, die beim Trainieren mit Widerstand helfen.

Bankdrücken

Beim Bankdrücken liegt man flach auf einer Bank mit den Füßen auf dem Boden. Dann wird ein Gewicht, entweder an einer Stange oder Hanteln, angehoben. Die Übung baut die Oberkörpermuskulatur in Brust und Armen auf.

Ausfallschritt

Hier ist der Boden der Widerstand Wir stehen eher so, als würden wir zu einem Mittelstreckenrennen starten: das Vorderbein im Knie gebeugt, das Hinterbein hinterher gezogen. Wir drücken dann nach vorn, bis unser hinteres Knie den Boden berührt, und drücken zurück in eine normale aufrechte Position. Diese Übung stärkt die Beine und hilft auch beim Halten des Gleichgewichts. Unser Rücken bleibt während der gesamten Übung gerade.

Aufrollen

Bei dieser Übung werden Hanteln in jeder Hand gehalten. Mit geradem Rücken werden die Gewichte an unseren Seiten gehalten. Sie werden dann nach oben „gerollt", wobei unser Bizeps zum Einsatz kommt, um die Aufgabe auszuführen und diese Muskeln zu stärken.

Kniebeugen

Unsere Füße werden in einer stabilen Position auseinander gestellt und unsere Hände auf unsere Oberschenkel gelegt. Mit geradem Rücken lehnen wir uns nach hinten, bis sich unsere Ellbogen auf gleicher Höhe wie unsere Knie befinden. Das Gewicht liegt auf unseren Fersen, der Kopf ist oben und die Hände zeigen nach vorne. Die Kniebeuge wird abgeschlossen, indem wir uns wieder in die stehende Position erheben, unsere Beinmuskeln anspannen und mit unseren Fersen nach unten drücken.

Schübe

Schübe sind wie halbe Sit-Ups und arbeiten an unseren Bauchmuskeln. Wir legen uns auf den Boden und ziehen unsere Knie zu einem Dreieck, mit den Füßen flach auf dem Boden. Wir heben dann unseren Oberkörper halb an und legen uns dann zurück. Dies wird mehrmals wiederholt. Wir wissen immer, dass wir einen Schub richtig machen, wenn wir ihn in unseren Bauchmuskeln spüren.

Zirkeltraining

Zirkeltraining ist ein bisschen wie ein

Intervalltrainingsprogramm, aber eines, das mehrere Muskelgruppen anspricht. In einem Raum, einer Halle oder sogar unserem Hinterhof bauen wir eine Reihe von Übungen in einem Zirkel auf.

Wir haben also vielleicht einen „Schub"-Bereich, einen „Aufroll"-Bereich, einen „Kniebeugen"-Bereich, einen „Sprint-Bereich", einen Aerobic-Bereich, und einen „Ausfallschritt"-Bereich. Wir machen dann einen Zirkel der Übungen. Wir verbringen vielleicht zwei Minuten an jeder Basis und ruhen uns dann eine Minute aus, bevor wir zum nächsten Element des Rundgangs übergehen.

Muskelkraft und Ausdauer

Die oben genannten Übungen helfen uns nicht nur beim Aufbau einer schlanken Körpermasse, sondern auch beim Aufbau von Muskelkraft. Aber nicht nur Kraft, wir brauchen auch Ausdauer. Das ist die Fähigkeit, während des gesamten Spiels aktiv zu bleiben, sich schnell zu erholen, Verletzungen standzuhalten und, wenn man es aushält, schnell wieder fit zu werden.

Wir werden uns später in diesem Buch die Übungen ansehen, die dabei helfen.

Unterschiede mit Fußball-Fitness

Oben haben wir einige Ideen zur grundlegenden Konditionsarbeit gegeben. Aber um fit für den Fußball zu sein, brauchen wir nicht nur diese Grundelemente der körperlichen Fitness und Muskelkraft.

Wir benötigen noch andere Fitnesselemente, und wo wir unsere Fußball-Fitness mit allgemeiner Fitness kombinieren, brauchen wir dieses Wohlbefinden, um in einer Wettkampfsituation effektiv zu sein. Lässt sich die allgemeine Fitness in die fünf Kategorien Herz-Kreislauf-Ausdauer, Beweglichkeit, Körperfettzusammensetzung, Muskelkraft und Muskelausdauer einordnen, so lässt sich die Fußball-Fitness in folgende Bereiche unterteilen:

- Herz-Kreislauf-Ausdauer oder CRE (Cardio-Respiratory Endurance): Mit anderen Worten, die Fähigkeit, die vollen neunzig Minuten des Spiels durchzuhalten, wobei unsere Leistung während dieser Zeit konstant bleibt (das ist selbst auf professionellem Niveau schwer zu erreichen, ein Ziel, auf das wir uns ausgerichtet haben.)

- Geschwindigkeit: Wo immer wir auf dem Platz spielen, müssen wir schnell sein. Ob es sich um einen Torhüter handelt, der sich von einer ausgeführten Parade erholt, ein Verteidiger, der wieder in Position kommt, ein Mittelfeldspieler, der den Rücken deckt und nach vorne stürzt, oder ein Stürmer, der das Tempo nutzt, um hinter einen Verteidiger zu gelangen, Geschwindigkeit ist ein wesentlicher Bestandteil des Spiels.

- Geschwindigkeitsausdauer: Das ist die Fähigkeit, am Ende des Spiels genauso effektiv sprinten zu können wie am Anfang.

- Agilität: Fußballspieler müssen in der Lage sein, sich zu drehen und zu wenden, schnell die Richtung zu ändern und auf der halben Drehung zu spielen. Flexibilität ist ein wesentlicher Bestandteil der Agilität, aber auch andere Faktoren wie Muskelkraft und Gleichgewicht.

- Gleichgewicht: eine entscheidende Fähigkeit für erfolgreiche Fußballspieler. Wir müssen in der Lage sein, den Ball zu kontrollieren und zu spielen, wenn wir vom Gegner unter Druck gesetzt werden, wenn wir gestoßen und getreten werden und wenn sich unsere Körper in ungewöhnlichen Positionen befinden. Einfach gesagt, wenn wir hinfallen, können wir das nicht.

- Emotionale Fitness: Da Fußball ein kompetitiver Kontaktsport ist, der mit hoher Geschwindigkeit gespielt wird, gibt es oft schmerzhafte Stöße zu spüren, Spieler werden gefoult und manchmal macht der Schiedsrichter, der Schlichter, etwas falsch. Es ist wichtig, dass wir emotional damit umgehen können, manchmal hilft ein langer Gang in die Umkleidekabine und eine vorzeitige Dusche, um das Gemüt zu beruhigen.

- Mentale Fitness: Unser Körper ermüdet im Laufe eines Spiels unweigerlich. Wir müssen jedoch während der neunzig Minuten unsere Konzentration aufrechterhalten. Die meisten Tore im Profifußball fallen im letzten Viertel des Spiels, wenn Körper und Geist ermüden und sich Fehler einschleichen. Unsere Fähigkeit, diese Fehler zu beseitigen oder zumindest zu reduzieren, hängt von unserer mentalen Fitness ab.

- Motivation: Aufgrund der subjektiven Natur der Entscheidungsfindung, des Wettbewerbselements des Spiels und der Tatsache, dass es sich um ein Teamspiel handelt, bei dem wir sowohl auf die Leistung unserer Teamkollegen als auch auf unser eigenes Spiel angewiesen sind, können Dinge schief gehen. Und das sind nicht unbedingt Dinge, die wir mit uns selbst ausmachen können, wie zum Beispiel beim Tennis. Deshalb müssen wir in uns selbst die Motivation finden, weiter hart zu arbeiten, unser Bestes zu geben und daran zu glauben, dass wir etwas bewirken können, selbst wenn die Dinge gegen uns laufen.

In diesem Kapitel haben wir die Natur der allgemeinen körperlichen Fitness betrachtet, diese in fünf Komponenten unterteilt und Übungen zu deren Entwicklung angeboten. Wir haben uns auch angesehen, wie Fußball-Fitness darauf aufbaut und andere Elemente zur allgemeinen körperlichen Fitness aufweist.

Wir werden nun im Detail auf Trainingsverfahren eingehen, die dazu beitragen können, dass unsere Fitness für das Fußballspielen so ausgeprägt wie möglich ist.

Verschiedene Aspekte der Fußball-Fitness

In diesem Kapitel werden wir auf dem vorherigen aufbauen, um die fünf Hauptaspekte der Fußball-Fitness zu betrachten.

Diese können wie folgt kategorisiert werden:
- Kardiovaskuläre Fitness
- Beweglichkeit
- Geschwindigkeit
- Muskelkraft
- Geistige Fitness

Die kardiovaskuläre Fitness hilft uns, im rein fußballerischen Sinne Folgendes zu erreichen:
- Neunzig Minuten lang durchzuspielen
- das Einsetzen von Milchsäure in unsere Muskeln zu verzögern
- unsere Konzentration zu unterstützen
- es uns zu ermöglichen, das Qualifikationsniveau aufrechtzuerhalten
- es uns zu ermöglichen, länger und öfter zu sprinten
- uns zu helfen, uns schnell von Sprints zu erholen, damit

wir mithalten können, wenn der Ballbesitz verloren geht.

Agilität hilft uns dabei:
- unseren Körper zu schützen, indem wir schlechte Zweikämpfe vermeiden
- Kontakt aufzunehmen
- sich flexibel zu bewegen
- in verschiedenen Situationen das Gleichgewicht zu halten
- die Fähigkeiten, die wir gelernt haben, einzusetzen, um zu passen, zu dribbeln, zu schießen und zu attackieren.

Geschwindigkeit brauchen wir auf folgende Weise:
- lange, schnelle Läufe durchzuhalten, wie sie von hier nach da durchbrechende Mittelfeldspieler anwenden
- über zwei bis drei Meter vorzupreschen, um einen Verteidiger beim Laufen mit einem Ball zu überholen, einen Verteidiger zu schlagen, im richtigen Moment Platz zu finden, einen Zweikampf zu machen.
- zehn Meter zu sprinten, um Platz zu finden, wenn man mit dem Ball rennt, um einen langen Pass spielen zu können und um bei einem Zweikampf eine Position zu gewinnen.
- zwanzig Meter zu sprinten, wenn man mit dem Ball läuft,

um im richtigen Moment eine kleine Pause einhalten zu können.

Muskelkraft hilft uns in folgenden Bereichen:
- das Gleichgewicht zu halten, wenn man den Ball aus einer unkonventionellen Position spielt
- das Gleichgewicht zu halten, wenn wir den Ball in ungünstigen Positionen stehend erwischen
- Verletzungen zu vermeiden
- einen Gegner zurückzuhalten
- während des gesamten Spiels fit zu bleiben, mit allen Vorteilen, die dies mit sich bringt.

Mentale Fitness, wie wir oben gesehen haben, hilft uns, disziplinarische Schwierigkeiten zu vermeiden, hilft uns, Motivation und Konzentration aufrechtzuerhalten, hilft uns, Vertrauen in unsere eigenen Fähigkeiten zu haben, und hilft uns, was vielleicht am wichtigsten ist, das Spielen dieses fantastischen Sports zu genießen.

Oberkörperkraft – Workouts für Fußball

Jetzt, da wir die Bedeutung der Fußball-Fitness vollständig verstehen, ist es an der Zeit, auf einige feine Details einzugehen, mit spezifischen Aktivitäten, die uns helfen, unsere Spielfähigkeit zu entwickeln, aufrechtzuerhalten und Spaß daran zu haben.

Wir brauchen unsere Oberkörperkraft, sonst werden wir einfach umgestoßen. Eine gute Oberkörperkraft hat auch den positiven Nebeneffekt, dass sie unser Nervensystem stimuliert; dies bietet den Vorteil, dass unsere Reaktionen schneller werden.

Der Oberkörper ist oft das am meisten vernachlässigte Fitnesselement, wenn Spieler für den Fußball trainieren, zumindest auf Amateurebene. Das liegt daran, dass wir uns (was richtig ist) auf unseren Unterkörper konzentrieren. Wenn wir den Ball jedoch nicht behalten, unter Kontrolle bringen oder vermeiden können, von ihm umgeschossen zu werden, dann ist unsere Technik, so geschickt wir auch sein mögen, wirkungslos, weil wir den Ball verloren haben.

Verwendung eines Medizinballs

Es gibt viele Übungen zur Stärkung des Oberkörpers, die wir mit einem Medizinball üben können. Alles, was benötigt wird, ist der Ball und entweder eine Wand (um den Ball abzuprallen) oder ein Partner, um den Ball zurückzuwerfen.

Wichtige Punkte bei der Verwendung eines Medizinballs sind, die Hüften unten zu halten, die Beine für das Gleichgewicht zu spreizen, den Wurf durchzuziehen und den Fang zu absorbieren, damit die Schlagkraft des Balls durch unsere Arme, durch unsere Körpermitte und durch unsere Füße abgefangen wird.

Übungen mit einem Medizinball

- Jede Übung beinhaltet das Werfen und Fangen des Medizinballs.
- Brustpass: Hier wird der Ball mit erhobenen Armen und gerade aus der Brust geworfen, ähnlich wie bei einem Basketball-Brustpass. Die Hüften werden unten gehalten, der Rücken gerade und die Arme strecken sich zum Werfen und ziehen sich zurück, um den Ball zu fangen.

- Seitwärtspass: Ein Fuß leicht vor den anderen gestellt, Rücken gerade. Der Ball wird mit einer schwungvollen Bewegung aus Hüfthöhe geworfen, ähnlich einem Rugby-Pass. Die Übung besteht darin, die Seite zu wechseln, von der aus der Pass ausgeführt wird.

- Streckpass: Hier stehen wir im Winkel von neunzig Grad

zu unserem Partner oder der Wand. Wir strecken unser Vorderbein aus, ein wenig, als wollten wir gleich einen Ausfallschritt machen. Mit einer Drehbewegung des Oberkörpers wird der Ball mit beiden Händen aus Hüfthöhe geworfen. Wie beim Seitwärtspass wechseln wir die Seiten, von denen aus wir werfen.

- Kugelstoßpass: Die Beine werden voreinander gebeugt und die Brust zeigt zur Wand. Mit BEIDEN Händen werfen wir den Medizinball wie beim Kugelstoßen.

Gewichte

Die in Kapitel Eins besprochenen Gewichtsübungen sind ideal für das Krafttraining des Oberkörpers. Bankdrücken, Aufrollen und so weiter helfen uns alle, unsere Ziele zu erreichen.

Erinnere dich, dass unser Rücken beim Heben von Gewichten gerade sein muss. Außerdem sollten wir Gewichte heben, die eine gewisse Herausforderung darstellen, aber unsere Muskeln nicht zu stark belasten. Wenn wir uns verletzen wollten, sollten wir uns das zumindest für den Platz aufsparen, nicht für die Trainingseinheit!

Kreuzheben sind Übungen aus dem Stand und helfen dabei, sowohl die Kraft der Körpermitte als auch die Oberkörperkraft zu entwickeln.

Lege die Stange auf den Boden. Stehe mit gespreizten Beinen etwa schulterbreit auseinander und greife die Stange mit beiden Händen. Stelle sicher, dass der Rücken gerade ist und der Kopf nach oben schaut. Hebe die Stange auf Schulterhöhe an. Senke die Stange langsam auf den Boden ab und achte darauf, dass Rücken und Kopf gerade bleiben. Genauso lässt sich die Übung auch mit Hanteln durchführen.

High Rows (ruderähnliche Maschinen)

Für diese Aktivität wird eine Maschine benötigt, die meisten Fitnessstudios haben ein High Row-Trainingsgerät. Sitze mit geradem Rücken. Beuge die Knie und ergreife die Griffe. Ziehe den Aufsatz in Richtung Oberbauch. Kehre die Bewegung langsam und kontrolliert um.

Boxsprünge

Brillant für Bauch- und Brustkraft sowie Beinmuskulatur. Es wird eine Kiste benötigt, etwa kniehoch, auf die wir springen. Unsere Füße sind schulterbreit auseinander und wir gehen in die Hocke. Wir schwingen unsere Arme, um Schwung zu gewinnen und springen ruckartigauf die Kiste, wobei wir uns selbst aufrichten.

Sit-Ups und Variationen

Eine kleine Warnung hier, Menschen mit Rückenproblemen sollten diese Art von Übung vermeiden.

Standard-Sit-Ups erfordern, dass wir uns flach hinlegen, unsere Knie hochnehmen und unsere Füße fest auf dem Boden lassen. Wir legen unsere Arme verschränkt auf unsere Brust und setzen uns einfach auf. Wir atmen aus, während wir uns nach oben drücken. Sobald wir darin gut sind, machen wir die Übung schwieriger, indem wir unsere Hände gerade über unseren Köpfen halten.

Wir können die Aktivität variieren, um an verschiedenen Oberkörpermuskeln zu arbeiten, indem wir den Sit-Up in einen Seiten-Sit-Up umwandeln. Hier drehen wir uns beim Aufrichten auf unseren Ellbogen, den wir um neunzig Grad gebeugt auf den Boden legen. Bei seitlichen Sit-Ups ist es am besten, zu den Seiten zu wechseln, zu denen wir uns drehen.

Nachdem wir eine Vielzahl von Übungen gesehen haben, die wir anwenden können, um unsere Oberkörperkraft zu entwickeln, erarbeiten wir dann ein Programm, das auf unsere individuellen Bedürfnisse eingeht. Ein typisches Programm könnte etwa so aussehen:

Fünfundvierzig Minuten – fünfzehn Wiederholungen bei

jeder Aktivität, zwei Zirkel. Denke daran, dich zum Aufwärmen zu dehnen, und, es kann nicht genug betont werden, verwende Gewichte, die Widerstand bieten, aber nicht so schwer sind, dass sie Schaden anrichten. Lasse dich professionell beraten, wenn du dir nicht sicher bist.

Beginne mit Kniebeugen, gefolgt von Ausfallschritten und dann Boxsprüngen. Gehe über zu Medizinballübungen, z. B. Brustpass, Seitenpass und Kugelstoßpass. Dann auf Gewichte; Aufrollen gefolgt von Kreuzheben. Beende den Zirkel mit Bauchmuskeltraining – Schübe, dann Sit-Ups und ende mit Seiten-Sit-Ups.

Oberkörper-Kraftübungen können als Auftakt zu einer langen Trainingseinheit verwendet oder alleine geübt werden. Wenn sie zweimal pro Woche durchgeführt werden, können die Spieler dieses Element ihrer Fitness entwickeln, ohne den Körper zu stark zu belasten.

Die Aufrechterhaltung der Oberkörperkraft erfolgt am besten das ganze Jahr über, außerhalb der Saison sowie während der Trainings- und Spielzeiten vor der Saison. Es ist für alle Spieler wichtig, aber besonders für zentrale Mittelfeldspieler und Innenverteidiger, bei denen Kämpfe einen großen Teil ihres Spiels ausmachen werden.

Plyometrie – Training für Schnelligkeit

Spieler auf professionellem Niveau machen im Laufe eines Spiels zwischen fünfzig und hundert Sprints. Das kann mehr als einer pro Minute sein. Dazu kommen die abrupten Bewegungen, die genutzt werden, um Platz zu schaffen oder einen Gegner zu schlagen.

Überraschenderweise sind es vielleicht nicht die Stürmer, die die meisten Sprints machen, sondern sie werden am häufigsten von offensiven Mittelfeldspielern und Außenverteidigern gemacht. Es ist möglicherweise ein Merkmal der Entwicklung des professionellen Spiels, dass von diesen Verteidigern erwartet wird, dass sie den Angriff unterstützen, für Weite und Flanken sorgen, als würden sie sich nur ihrer täglichen Arbeit widmen.

Es gibt vier Hauptelemente, an denen für das Geschwindigkeitstraining gearbeitet werden muss.

- Plyometrie – das ist Training für den abrupten Moment, der einen Sprint einleitet oder den Raum schafft, um einen Spieler zu schlagen oder einen Zweikampf auszufechten (an sich schon eine Geschwindigkeitsaktivität)

- Die Fähigkeit, selbst zu sprinten

- Erholung vom Sprint
- Geschwindigkeitsausdauer, die Fähigkeit, während des gesamten Spiels zu sprinten.

Plyometrie

Um ein wenig in die Wissenschaft der Plyometrie einzusteigen, müssen Übungen für die Entwicklung der drei Elemente der abrupten Aktion ausgeführt werden. Da ist zunächst die exzentrische Phase, in der die Muskeln auf den kurz darauf folgenden Kraftausbruch vorbereitet werden. Als nächstes kommt die Amortisationsphase, die den Übergang zwischen der Vorbereitung auf den Start und der tatsächlichen Durchführung darstellt. Schließlich kommt die konzentrische Phase, manchmal auch Startphase genannt. Dabei wird die gespeicherte Energie des Exzenters genutzt, um die Kraft der Bewegung zu erhöhen.

Es ist interessant festzustellen, dass wir bei unseren sportlichen Aktivitäten immer auf Springen, Hüpfen, Stoßen und so weiter geachtet haben. Aber erst vor relativ kurzer Zeit haben wir dies in einen Kontext gestellt, in dem wir verstehen, dass Muskeln noch effektiver arbeiten, wenn die exzentrische Stufe mit dem konzentrischen Punkt verbunden ist.

Der Klatt-Test

Es besteht kein Zweifel, dass der Beginn einer Reihe von Übungen zur Entwicklung unseres abrupten Muskeleinsatzes diese Muskeln stark belastet. Selbst auf professioneller Ebene, unter erfahrenen, hoch trainierten Athleten, kommt es zu Verletzungen; Kniesehnen-, Waden- und Leistenmuskeln werden oft bei Sprints und Zweikämpfen beschädigt. Durch Training reduzieren wir das Risiko einer solchen Verletzung; allerdings muss ein gewisses Grundmaß an Flexibilität vorhanden sein, bevor das Training sicher beginnen kann. Es gibt einen einfachen Prozess namens Klatt-Test, den Spieler durchlaufen sollten, bevor sie mit den Übungen beginnen, um ihre abrupte Geschwindigkeit zu entwickeln.

Diese Tests finden barfuß statt; es wird jemand benötigt, der die Tests durchführt, aber sie könnten Teil eines Mannschaftstrainings mit Spielern sein, die paarweise arbeiten.

Die erste Beurteilung prüft Gleichgewicht und Stabilität.

- Der eine Spieler steht aufrecht auf einem Bein.
- Das Spielbein wird angehoben, sodass der Oberschenkel parallel zum Boden ist.
- Das andere Bein bleibt gerade und die Zehen sind nach oben gezogen.
- Die Position wird für zehn Sekunden gehalten.
- Der begutachtende Spieler notiert das Maß an

Bewegung und Zittern – es sollte wenig sein.

- Der Test wird mit dem anderen Bein wiederholt.
- Ein zweiter Test ist die Kniebeuge.

- Der Spieler steht auf einem gebeugten Bein und dehnt Hüfte, Knie und Knöchel.
- Die Kniebeuge wird für zehn Sekunden gehalten.
- Die Kniebeuge wird mit dem anderen Bein wiederholt.
- Hier kommt es nicht auf die Stärke des Zitterns an, sondern darauf, dass es kaum Unterschiede zwischen den Beinen gibt.

Die zweite Beurteilung ist ein Sprungtest, für den Turnschuhe getragen werden sollten.

- Hasenhüpfer etwa zwanzig Meter weit, die mit einer Bodenposition enden, die zehn Sekunden lang gehalten werden sollte.
- Der begutachtende Spieler zeichnet die Anzahl der durchgeführten Sprünge, die Intensität des letzten Sprungs und alle auftretenden Erschütterungen oder Abweichungen auf.
- Als nächstes führt der Spieler einen einzelnen Beinsprung für zehn Sprünge durch.

- Die zurückgelegte Strecke wird aufgezeichnet und die Stabilität beim Landen beobachtet.

- Der letzte Sprung wird zehn Sekunden lang in der niedrigsten natürlichen Position gehalten.

- Die Tiefe der Kniebeuge wird aufgezeichnet (ungefähr ist in Ordnung) und auch die Stärke des Zitterns.

- Die Aktivität wird mit dem anderen Bein wiederholt.

- Der begutachtende Spieler sucht nach Stabilität und Ähnlichkeit zwischen Abstand und Tiefe der Kniebeugen.

Bei der Bewertung des Tests findet sich ein grober Eindruck für Amateurarbeit. (In professionelleren Setups kann der Test regelmäßig wiederholt werden, man kann die Ergebnisse der Wirkung des Trainings auf die Stabilität des Teilnehmers messen. Mehr Stabilität bedeutet, dass mehr Energie der Muskeln verwendet wird, um den gewünschten plyometrischen Effekt zu erzielen.)

Das Ergebnis, nach dem wir suchen, ist eine angemessene Stabilität bei allen Bewegungen und ähnliche Ergebnisse mit jedem Bein. Solange diese vorhanden sind, sollte es relativ sicher sein, mit einigen der unten aufgeführten plyometrischen Übungen zu arbeiten.

Bitte beachten, dass der Test für Erwachsene und Jugendliche in Ordnung ist, aber häufig führt die Koordination bei vorpubertären Kindern (bis zum Alter von etwa elf Jahren) dazu, dass die Ergebnisse verzerrt sein können.

Einige plyometrische Übungen

Fallsprung

Diese Aktivität entwickelt die Beinmuskulatur durch Fallenlassen und Springen.

Das Training ist einfach. Wir lassen uns aus geringer Höhe auf den Boden oder auf eine Kiste fallen (beachte fallen – nicht springen, da wir den exzentrischen und konzentrischen Zustand der Muskeln entwickeln). Wir springen dann sofort nach oben und versuchen, maximale Höhe zu erreichen. Das Ziel ist es, schnell zu springen, idealerweise soll der Übergang in einer Viertelsekunde abgeschlossen sein (obwohl sich das als schwierig zu erreichendes Ziel erweisen könnte).

Es gibt einige wichtige Punkte aus der Übung:

- Auf den Fußballen landen – berühren die Fersen den Boden, ist die Fallhöhe zu hoch und muss abgesenkt werden.
- Die Beine bei Bodenkontakt durchgestreckt halten.
- Die Knie- und Hüftbeugung so gering wie möglich halten.
- Mit geschlossenen Beinen landen.

-So hoch springen wie es geht.

Die Fallhöhe ist hier weniger wichtig als die Technik und die Höhe des Sprungs, aber ein höherer Fall wird dennoch bis zu einem gewissen Grad Übergangsgeschwindigkeit und Muskelkraft entwickeln. Beginne bei etwa 30 cm und wenn eine Verbesserung eintritt, erhöhen wir die Fallhöhe in 15-cm-Intervallen.

Ein guter Trainer-Tipp ist zu betonen: Spring schnell; spring hoch.'

Hürdenlauf und Springen
Dies ist eine wirklich nützliche Übung, um das Sprinten zu entwickeln, da sie sowohl bei den vertikalen als auch bei den horizontalen Methoden funktioniert, die mit der Geschwindigkeit verbunden sind. Es gibt mehrere Übungen, die eingesetzt werden können, und sie können gemischt und variiert werden, um unser Interesse am Training aufrechtzuerhalten.

Es ist wahrscheinlich am besten, mit zweibeinigen Sprüngen zu beginnen, da diese unsere Muskeln und Bänder weniger belasten, aber um wirklich besser zu werden, müssen wir zu einbeinigen Sprüngen übergehen – hüpfen, sozusagen.

- Sprünge aus dem Stand: Dies sind Aktivitäten mit

geringer Intensität. Den Körper einziehen und nach oben springen. Dann steigern wir uns, indem wir uns hochziehen, und beim Sprung strecken wir ein Bein nach vorne und landen im Sprung. Das können wir dann zu einem Weitsprung aus dem Stand ausbauen.

- Um die Aktivität auf mittlere Intensität zu bringen, fügen wir mehrere Sprünge hinzu. Wir machen lange Sprünge (übertriebene halb laufende Schritte); fügen Hasenhüpfer hinzu. Dann fügen wir niedrige Hürden hinzu und machen beidfüßige Sprünge über niedrige Hürden, springen Stufen hoch und landen auf zwei Füßen.

- Wir bauen dann einen Zirkel, der das gesamte Training mit mittlerer Intensität beinhaltet.

- Um dies zu einer hohen Intensität zu machen, fügen wir am Ende einen Weitsprung hinzu. Also, ein Sprint mit elf Schritten, zwei Sprünge und dann ein langer Sprung in eine Grube oder auf eine große Sturzmatte.

- Höchste Intensitätssprünge und Hürdenarbeit beinhalten das Halten der Position für ein paar Sekunden, bevor wir weitermachen. Beginne zum Beispiel mit einem Absprung, springe und halte dich bei der Landung; dann hüpfen, halten, hüpfen, halten, springen, halten, springen, halten, springen, halten, springen, halten, nach unten und oben springen und halten, und mit einem Weitsprung abschließen.

Dies sind Übungen, die speziell entwickelt wurden, um die abrupten Fähigkeiten der Beine zu entwickeln, die für das Sprinten im Fußball benötigt werden. Plyometrie gibt es auch für den Oberkörper und die Arme, ist aber für den Fußballer nicht so relevant.

Unten sind Beispiele von zwei Trainingseinheiten, die verwendet werden können, um plyometrische Kraft zu entwickeln, selbst wenn Spieler und Trainer auch ihre eigene Art und Weise entwickeln. Das erste Training hat eine geringere Intensität als das zweite.

Einheit *A*
(Setzt voraus, dass die Teilnehmer bereits aufgewärmt sind).

1. Beginne mit schnellen und abrupten Übungen, um elastische Kraft zu entwickeln. Zwanzig leichte Hüpf-Sprünge, gefolgt von drei Runden mit zehn zweifüßigen kleinen Hürden-Sprüngen.

2. Konzentriere dich als nächstes auf Aktivitäten, die helfen, konzentrische Kraft zu entwickeln. Zwanzig stehende Weitsprünge; zwanzig hohe

Hürdensprünge (beidfüßig).

3. Der letzte Aspekt der Übungen besteht darin, an der exzentrischen Kraft zu arbeiten. Das könnten zehn höhere

Fallsprünge sein.

Einheit B

Diese Einheit ist progressiver und beinhaltet etwas Arbeit am Oberkörper.

    1. Zehn bis zwanzig beidfüßige Sprünge mit niedriger Hürde.

    2. Vier bis sechs Runden mit zwanzig Sprüngen, gefolgt von zehn Sprüngen (Wechsel des Fußes auf jeder Runde). Denke daran, dass die Intensität erhöht werden kann, indem du die Landeposition nach jedem Hüpfer und Sprung hältst.

    3. Zehn bis zwanzig Stepschritte auf eine Kiste. Zehn beidfüßige Sprünge auf eine Kiste.

    4. Füge Geschwindigkeitsbegrenzungen hinzu, dies ist effektives Sprinten mit langen, hüpfenden Schritten. Drei Sätze von sechs bis zehn sind in Ordnung.

    5. Trainiere den Oberkörper und die Bauchmuskeln mit dreiminütigen Medizinballwürfen, wie im vorherigen Kapitel gezeigt.

Trainingseinheiten können intensiviert werden, indem Run-Ups (plötzliche schnelle und kurze Schritte zwischen den normalen Schritten) hinzugefügt werden, also zum Beispiel fünf Schritte in die Schritte, Sätze oder Sprünge.

In Bezug auf die Länge der Trainingseinheiten umfassen die obigen Beispiele etwa einhundert „Kontakte" für die erste Einheit und fast zweihundert für die zweite. Bei Plyometrie geht es jedoch eher um Qualität als um Quantität. Selbst für erfahrene Athleten sind zweihundert Kontakte das empfohlene Maximum, wobei einhundertfünfzig Kontakte ideal für die meisten erfahrenen und fitten Personen sind. Zwischen vierzig und sechzig Kontakte sind mehr als genug für Anfänger.

Gönne dir zwischen Wiederholungen und Übungen immer eine Minute Pause. Vermeide zementierte oder asphaltierte Oberflächen für das Training – entweder Gras oder ein richtiger Fitnessboden ist am besten, da der Boden dann Muskeln, Bänder und Knochen vor einem Teil der Stöße schützt.

Wenn junge Leute die Übungen durchführen – Teenager und jünger – dann müssen die Auswirkungen auf den Körper reduziert werden und je nach Alter und Erfahrung sind 30 bis 50 Kontakte das Maximum. Wir wollen keine wachsenden Knochen und Muskeln schädigen.

Denke daran, das Mantra hier ist:

'Qualität nicht Quantität!'

Sprintübungen

Plyometrie hilft unseren Muskeln, die explosive Qualität zu entwickeln, die für das Sprinten benötigt wird. Aber auch die Technik ist wichtig, und wir können Übungen machen, um diese zu verbessern.

Sprint-Positionierung

Im Fußball sind diese ersten drei bis fünf Meter entscheidend, um vor dem Gegner, egal ob Stürmer oder Gegenspieler, in Führung zu gehen. Diese Übung hilft uns, in die richtige Position für unseren Geschwindigkeitsschub zu kommen.

- Wir beginnen mit aufrechtem Körper, die Beine hüftbreit auseinander.
- Wir neigen uns nach vorne, bis wir zu fallen beginnen. Es ist unser Kopf, der diese Bewegung steuert. Wir könnten das Gefühl haben, dass wir uns zu weit neigen, aber tatsächlich sind unsere Körper dann im perfekten Winkel, um schnell beschleunigen zu können.

- Während wir uns neigen, verlagern wir uns so, dass wir uns auf die Fußballen erheben. Es ist wichtig, dass wir uns während des gesamten Neigungsvorgangs nicht in der Taille beugen.

- Wenn wir spüren, dass wir anfangen zu fallen, bewegen wir unsere Knie und stoßen uns mit den Fußballen vom Boden ab. Die entsprechende Kraft sollte zu spüren sein.

- Wir halten unsere Ellbogen stabil bei neunzig Grad, und unser Armschwung kommt aus dem Schultergelenk. Auf diese Weise halten wir sowohl das Gleichgewicht als auch die maximale Schubkraft.

- Wir halten unsere Hände entspannt – das ist sehr wichtig für den Fußball, weil wir vielleicht behindert werden, und unsere Hände müssen entspannt genug sein, um sich leicht bewegen zu können, um unser Gleichgewicht zu halten. Wir können nicht sprinten, wenn wir flach auf dem Boden liegen!

- Dann sprinten wir zehn oder zwanzig Meter, je nachdem, welchen Sprint wir trainieren.

- Während wir wieder zum Start zurückgehen, können wir uns etwas erholen.

- Um uns generell verbessern zu können, sollten wir die Übung routinemäßig mindestens zehn Mal wiederholen. Wenn es längere Sprints sind, können wir dies auf sechs oder acht

Wiederholungen reduzieren.

Sprints mit flachem Start

Diese Sprintübung ist nicht direkt auf den Fußballplatz übertragbar, hilft uns aber dabei, die beste Körperhaltung für den Sprint während eines Spiels einzunehmen.

- Wir stellen zwei Leitkegel im Abstand von etwa zwanzig Metern auf.
- Beim ersten Leitkegel legen wir uns auf den Bauch, die Hände bereit, als ob wir gleich Liegestütze machen würden.
- Aufs Stichwort fahren wir hoch und sprinten zum zweiten Leitkegel.
- Unsere Körperstartposition ist sehr weit unten, und wir versuchen, die niedrigstmögliche Position beizubehalten. Dadurch wird beim Start die maximale Leistung erzeugt.

- Wir wiederholen die Übung sechs bis acht Mal.

Rückwärts-Dribbel-Sprints

Dies ist eine Übung, die versucht, eine echte Spielsituation nachzuahmen, in der Spieler den Ball oder ihren Gegner beschatten, bevor sie in einen Sprint übergehen.

- Wir stellen fünf Leitkegel im Abstand von fünf Metern auf

und nummerieren sie von eins bis fünf.

- Wir starten bei Leitkegel eins, neigen uns in einen stehenden Sprintstart und beschleunigen zu Leitkegel drei.

- Wir dribbeln rückwärts zurück zu Leitkegel zwei. Dabei bleiben wir auf den Fußballen, verwenden unsere Arme für das Gleichgewicht und halten unseren Körper unten, um einen Schwerpunkt beizubehalten, der schnelle, agile Geschwindigkeits- (oder Richtungswechsel) ermöglicht.

- Bei Leitkegel zwei verlagern wir unser Gewicht nach vorne, bleiben dabei auf den Fußballen und sprinten weiter zu Leitkegel vier.

- Wir wiederholen die Übung, indem wir zurück zu drei und dann wieder weiter zu fünf zu gehen.

- Wir wiederholen diese Übung fünfmal.

Sprintjoggen

Dies ist eine weitere Übung, bei der wir versuchen, echte Spielsituationen zu wiederholen und leichtes Jogging in Sprints zu verwandeln.

- Wir stellen drei Leitkegel auf – eins und zwei sind zwanzig Meter voneinander entfernt, Leitkegel drei etwa noch weitere zehn Meter.

- Wir joggen mit 75% Geschwindigkeit von Leitkegel eins nach zwei.

- Konzentriert auf unseren Winkel nehmen wir in unsere Sprintposition ein, treiben unsere Beine an und sprinten zu Leitkegel drei.

- Wir kehren dann zu Leitkegel eins zurück. Anstatt zu joggen, machen wir dieses Mal seitliche Hüpfbewegungen, um vorwärts zu kommen. Dies soll nachahmen, wie wir einen Spieler beschatten können, während er sich über das Spielfeld bewegt.

- Wieder bei Leitkegel zwei nehmen wir wieder unsere Sprintposition ein und preschen für einen Zehn-Meter-Sprint nach vorne.

- Wir wiederholen die Übung dreimal.

Sprint-Erholung

Unsere kardiovaskuläre Ausdauer ist ein Schlüsselfaktor für die Geschwindigkeit, mit der wir uns von einem Sprint erholen. Übungen, die dies entwickeln, führen zu einer schnelleren Erholung von einem Sprint.

Die folgende Übung ermöglicht es uns, sowohl die Sprint-Erholung zu üben als auch zu messen, wie wir vorankommen, während wir unsere kardiovaskuläre Ausdauer erweitern.

Erholungstest und Training

- Wir brauchen vier Leitkegel. Sie sind in einer Linie mit fünf Metern zwischen Kegel eins und zwei, zehn Metern zwischen zwei und drei, dann weitere fünf Meter zwischen Leitkegel drei und vier verteilt.

- Wir joggen von eins auf zwei, sprinten von zwei auf drei und joggen von drei auf vier. In der Zwischenzeit wird unsere Sprintzeit des Trainings gemessen.

- Sobald wir das Joggen beenden, warten wir bei Leitkegel vier zehn Sekunden lang und wiederholen es dann, indem wir über die andere Richtung zurückkommen. Auch hier wird unsere Sprintzeit gemessen.

- Wir wiederholen die Aktivität, bis wir sechs Sprints absolviert haben.

- Wir können die Daten verwenden, um unsere Sprintgeschwindigkeit im Laufe der Zeit nachzuverfolgen. Das Ziel ist, dass alle Sprints das gleiche Tempo haben.

- Der Test kann auf kurze Sprints von fünf Metern angepasst werden (obwohl die Zeitmessung hier schwierig sein kann) und auf Sprints von zwanzig und sogar dreißig Metern ausgedehnt werden.

- Die Spieler sollten an der Länge des Sprints arbeiten, den sie am ehesten verwenden werden. Von Torhütern werden normalerweise kaum Sprints erwartet, aber es ist es wert ein bisschen Zeit in zehn Meter Sprints zu investieren. Innenverteidiger und Stürmer neigen dazu, kürzere Sprints zu machen, können also auf zehn oder vielleicht fünfzehn Meter trainieren. Außenverteidiger und Mittelfeldspieler legen eher längere Sprints hin und sollten daher bis auf zwanzig, dreißig Meter trainieren.

Sprintausdauer

Auch hier hilft unsere allgemeine kardiovaskuläre Ausdauer unserer Fähigkeit, zu Beginn des Spiels zu sprinten und in den nächsten neunzig Minuten mitzuhalten, wenn es nötig ist. Die obige Übung eignet sich sehr gut, um dies mit einer leichten Anpassung zu messen und zu üben. Anstatt sechs Sprints mit einer Ruhepause dazwischen zu absolvieren, unterteilen wir das Training in vier Elemente (was wahrscheinlich sowieso passieren wird). Wir richten uns nach der Sprintteststrecke, wie oben beschrieben.

Nachdem wir uns aufgewärmt haben, absolvieren wir einen oder zwei der Sprints. Während der Trainingseinheit führen wir den Test dann noch zweimal in einigermaßen regelmäßigen Abständen durch. Wir beenden die Einheit mit der Sprintpraxis.

Auch hier können wir messen, ob die Sprintausdauer unserer Spieler oder von uns selbst stark ist, indem wir die Zeiten zu Beginn der Trainingseinheit mit den Zeiten am Ende abgleichen.

Wenn dies nicht der Fall ist, können wir einige der kardiovaskulären Übungen anwenden, die weiter oben in diesem Buch beschrieben wurden, um das Problem anzugehen.

In diesem Kapitel haben wir uns ausführlich Übungen angesehen, mit denen wir unsere Schnelligkeit und unsere Sprintfähigkeiten im Fußball verbessern können. Dazu gehörten Übungen, die unsere Sprintfähigkeit entwickeln, und solche, die an der Fertigkeit selbst arbeiten.

Im Fußball verbringen wir die meiste Zeit ohne Ball, suchen nach Läufen oder decken die Läufe gegnerischer Spieler ab. Wir brauchen diesen Geschwindigkeitsschub, um als Erster an den Ball zu kommen, um eine Torchance zu kreieren, den Ballbesitz zu gewinnen oder den Gegner von einem Torschuss abzuhalten.

Es gibt Zeiten, in denen wir mit dem Ball sprinten müssen. Es sollte regelmäßige Übungen geben, vielleicht mit den anpassungsfähigsten Übungen von oben, wenn wir das Sprinten mit dem Ball üben (mit unserer Spitze steuern, um sicherzustellen, dass unser Schritt nicht unterbrochen wird).

Nachdem wir uns das Sprinten angesehen haben, werden wir als nächstes das Ausdauertraining untersuchen, um sicherzustellen, dass wir bestmöglich in der Lage sind, neunzig Minuten ohne Leistungsabfall zu überstehen.

Durchhaltevermögen

Es ist ein Szenario, das wir alle kennen. Noch zehn Minuten, zwei zu eins in Führung und wir haben einen Eckball. Die mittlere Hälfte geht nach oben und wir bewegen uns zu unserer Position am Rand des Spielfeldes. Der Eckball kommt, er wird klar geköpft und fällt auf deren Mittelstürmer. Er macht weiter und wir sind uns bewusst, dass ihr schneller Flügelspieler an uns vorbeisaust. Er hat das Tempo, das wir trotz der Trainingsübungen, die wir gemacht haben, nicht ganz erreichen können.

Aber wir müssen ihn verfolgen, auch wenn es die Länge des Spielfelds sein wird. Mit schweren Beinen, klatschnass, machen wir uns auf den Weg. Schaffen wir den lungenzerreißenden Lauf, der damit endet, dass wir gerade noch rechtzeitig ankommen, um noch einen Zweikampf in letzter Sekunde zu bestreiten? Oder scheitern wir, die Hände in die Hüfte gestemmt, die Brust in Flammen, auf der Mittellinie und müssen zusehen, wie der Ball ins Netz fliegt?

Oder vielleicht ist es umgekehrt, und wir sind hinten und stehen vor einer toten Ballsituation. Wir verteidigen die Ecke, unsere Innenhälfte klärt. Unser Stürmer hält die Stellung und braucht dringend Unterstützung, um den Ball in den weiten Raum nach vorne zu schießen. Schaffen wir es und haben wir die Chance, den Ausgleich zu erzielen? Oder wird diese Gelegenheit jemand anderem zufallen? Oder überhaupt niemandem?

Ausdauer, die Fähigkeit, anhaltende Anstrengungen zu unternehmen. Das heißt, körperliche oder geistige Anstrengung.

Unten sind einige Übungen, die wir anwenden können, um körperliche Ausdauer aufzubauen. Es sind großartige Übungen, sollten aber nicht innerhalb von zwei Tagen vor dem nächsten Spiel geübt werden, da sie einen für das Spiel zu sehr auspowern würden, was das Letzte ist, was wir erreichen wollen!

Dribbeln und Laufen

Diese Übung eignet sich hervorragend für Anfänger, weniger fitte Personen oder für die erste Einheit nach der Winterpause. Wir kennen die Zeiten, auch wenn wir uns noch so fest vorgenommen haben fit zu bleiben, die Verlockung eines kühlen Biers auf der Terrasse, einer hastig gegessenen Pizza und eines erfrischenden Eises ist allzu groß... meistens jedenfalls. Und jetzt, da unser Fußballtrikot in der Mitte etwas zu sehr spannt, wissen wir, dass wir noch viel zu tun haben.

Die Übung ist einfach und hilft, Ausdauer schnell und ohne große Schmerzen, aufzubauen!

Die Übung verwendet die Breite des Spielfeldes. Wir

dribbeln den Ball mit Höchstgeschwindigkeit von der Seitenlinie bis zur Hälfte des Spielfeldes. Dort lassen wir den Ball liegen und geben im Schnelllauf, sagen wir achtzig Prozent, Vollgas, zur gegenüberliegenden Seitenlinie. Wir drehen, immer noch im Schnelllauf, und kehren zum Ball zurück. Dann dribbeln wir den Ball mit voller Geschwindigkeit zurück zur ursprünglichen Seitenlinie.

Wir überprüfen die Zeit, die für die Durchführung der Übung benötigt wurde und ruhen uns genauso lange aus. Wenn es also achtzig Sekunden gedauert hat, bis der Lauf abgeschlossen war, ruhen wir uns achtzig Sekunden lang aus. Wir wiederholen die Übung, bis wir sie sechs Mal abgeschlossen haben.

Pass-Pendeln

Diese Übung ist etwas anspruchsvoller und eignet sich am besten für diejenigen, die ihre Grundausdauer verbessert haben und diese nun weiterentwickeln müssen.

Das Training verwendet das halbe Spielfeld und arbeitet von der Torlinie bis zur Mittellinie. Es ist eine Gruppenaktivität und erfordert zwei Bälle. Ein Ball liegt auf der Mittellinie, der andere wird von einem Mitspieler auf der Torlinie gehalten. Ein anderer Teamkollege steht zehn Meter von der Mittellinie entfernt in derselben Spielfeldhälfte wie seine Teamkollegen. Wir stehen auf halbem Weg zwischen der Torlinie und der Mittellinie. Die drei Spieler befinden sich in einer geraden Linie.

Wir sprinten zur Mittellinie und passen den Ball zum näheren Mitspieler. Wir drehen um und sprinten in gerader Linie zum anderen Spieler zurück. Dieser Spieler wirft uns einen Kopfball zu, den wir machen und zu ihm zurückschlagen. Dann drehen wir um und sprinten zurück zu unserem Ausgangspunkt. Jeder bewegt sich um eine Stelle herum, um etwas Erholungszeit zu haben. Die Übung wird wiederholt, bis jeder der drei Spieler das Laufelement sechsmal absolviert hat.

Ein echter Bonus der beiden bisher gesehenen Übungen ist, dass sie sowohl Ballarbeit als auch Laufen beinhalten. Das macht sie beide ein wenig interessanter, hilft aber auch, die Ballfähigkeiten zu erhalten. Auch die Mischung aus Ballarbeit und Trockenübungen ist für die Spielsituation durchaus realistisch.

Ende zu Ende

Dies ist eine fortgeschrittene Übung die die Ausdauer wirklich testet und ausbaut. Es geht darum, ohne Ball mit unterschiedlichen Geschwindigkeiten zu laufen.

Da die Übung komplizierter ist als die beiden oben

genannten, werden wir sie zum leichteren Verständnis in Stichworten darstellen.

- An einer Eckfahne beginnen.
- Um die gesamte Spielfeldlänge herum joggen, bis wir zu unserem Ausgangspunkt zurückkehren. Schneide nicht die Ecken ab, denn das zu tun ist nicht hilfreich bei der mentalen Disziplin. Das Abschneiden von Ecken in einem Spiel kann zu Fehlern führen.
- Zurück an unserem Ausgangspunkt bewegen wir uns mit siebzig Prozent Vollgas bis zur Mittellinie.
- Wir absolvieren dann die komplette Runde im Jogging.
- Als nächstes erhöhen wir unsere 70-prozentige Geschwindigkeitsdistanz auf die volle Länge des Spielfelds, bevor wir wieder zum Startpunkt joggen.
- Wir wiederholen die vollständige Liste der obigen Punkte.
- Es gibt ein anstrengenderes Element bei dieser Übung, das wir verwenden können.
- Wenn wir das „Wiederholungs"-Element der obigen Übung ignorieren, dann erhöhen wir unser 70-Prozent-Element jedes Mal um eine „Eckfahne", bis wir den vollständigen Kreis bei 70 Prozent abgeschlossen haben.
- Das ist schwierig, da wir am Ende fünf volle Rundkurse haben, die jedes Mal mit zunehmender Länge und schnellerem Tempo laufen.

- Die Übung ahmt das Spiel nach, da wir die meiste Zeit laufen, jedoch mit unterschiedlichen Geschwindigkeiten.

Diese Übungen helfen uns wirklich, unsere körperliche Ausdauer zu entwickeln, aber hinter dieser Eigenschaft steckt mehr als die Fähigkeit, neunzig Minuten lang zu laufen.

Wir haben dieses Kapitel mit ein paar Spielszenarien begonnen. Hier ist ein weiteres. In den letzten fünf Minuten steht es 1:1. Wir verteidigen eine Ecke. Wir haben unseren Mann gut gekennzeichnet und sind zuversichtlich, dass wir ihn abgedeckt haben, wenn der Ball auf ihn zukommt.

Als der Eckball gerade schwungvoll ausgeführt wird, sehen wir einen Lauf von einem anderen Spieler in der Nähe und prüfen, ob sein Lauf abgedeckt ist. Wir sehen, dass es so ist, und dann hören wir einen Jubel, sehen unseren Torwart am Boden liegen, Mitspieler, die uns anklagend ansehen. Als wir den Lauf des anderen Stürmers kontrollierten und sahen, dass dieser abgedeckt war, brach unser eigener Mann hinter uns durch, biss sich nach vorne durch und setzte die Ecke mit einem feinen, aber nicht gekennzeichneten Kopfball fest in die Ecke.

In diesem Moment hatte unsere Konzentration für eine halbe Sekunde nachgelassen, gerade genug, um uns ein Tor zu kosten. Unsere mentale Ausdauer hat uns im Stich gelassen.

Es besteht kein Zweifel, dass ein Zusammenhang zwischen körperlicher Fitness und geistiger Ausdauer besteht. Wenn wir körperlich müde sind, lässt unsere Konzentration nach oder ist schwerer aufrechtzuerhalten. Beim Fußball müssen wir nur eine Sekunde abschalten, und das kann uns ein Tor kosten.

Auch auf professioneller Ebene sehen wir das. Ein Mittelfeldspieler lässt einen Angreifer an sich vorbeilaufen, ohne den Lauf zu verfolgen. Wir werden durch die Annäherung eines Gegners abgelenkt und versemmeln einen Pass.

Der Torhüter ist wahrscheinlich der Spieler, der am meisten eine mentale Ausdauer braucht. Er oder sie kann lange Zeit ohne Ballberührung sein, dann muss er eine Abwehrreaktion zeigen, eine sofortige Entscheidung treffen, ob er herauslaufen und einen Steilpass klären oder eine Flanke aus der Luft holen soll.

Aber jeder Spieler auf dem Platz braucht sie. Fußball ist ein Teamspiel, und eine Mannschaft ist so stark wie ihr schwächstes Glied – das mag ein Klischee sein, aber es stimmt trotzdem.

Es gibt jedoch Übungen, die wir machen können, die unserer mentalen Ausdauer helfen.

Der Glaube an uns selbst

Während die körperliche Fitness eine große Rolle spielt, um die Konzentration während eines Spiels aufrechtzuerhalten, spielt auch unser Glaube an uns selbst eine große Rolle.

Studien über die größten Athleten zeigen ein unglaubliches Selbstvertrauen. Das ist etwas, was alle Spieler entwickeln müssen. Wir können trainieren, um unser Selbstvertrauen zu verbessern. So funktioniert es. Wir hören auf unsere inneren Worte. So einfach ist das. Wenn unser Gedanke lautet: „Dieser Flügelspieler ist schneller als ich, und ich werde kämpfen müssen", wird uns die Negativität des Gedankens zermürben. Aber wenn der Gedanke lautet: „Dieser Flügelspieler ist schnell, aber ich kann unsere Duelle durch meine Positionierung gewinnen", sind wir positiv und glauben, dass wir den Gedanken erreichen können.

Negativität ermüdet, Positivität inspiriert – es gibt ein Mantra für jeden Spieler und jeden Trainer.

Wenn wir den besten Fußballern zuschauen, senken sie nicht die Köpfe, wenn sie eine Chance verpassen, wenn sie in einem Zweikampf geschlagen werden, sie arbeiten daran, was schief gelaufen ist, und sprechen es für das nächste Mal an, weil sie an ihre Fähigkeiten glauben.

Das beste Bild sehen

Visualisierung ist ein weiterer Weg, um mentale Ausdauer zu gewährleisten, denn so wie uns das Essen einer Banane oder eines Rehydrierungsgetränks körperliche Energie gibt, so gibt uns die Vorstellung einer positiven Szene mentale Energie. Wir können während eines Spiels auf zwei Arten visualisieren, die uns helfen, die Konzentration aufrechtzuerhalten. Wenn wir einen bestimmten toten Ballmoment haben, können wir unsere Aufgabe visualisieren. Wir sehen den Elfmeter ins untere Eck gehen. Wir stellen uns vor, den Kopfball gegen unseren Gegner zu gewinnen.

Wir können die Visualisierung auch als Anstubser verwenden. Wenn wir spüren, dass wir müde sind oder gerade ein persönliches Duell mit unserem Gegner verloren haben, dann sollten wir uns positive Ereignisse in unserem Kopf ausmalen. Wir sehen das Tor, das wir erzielt haben, die Flanke, die wir gesetzt haben, oder den Zweikampf, den wir bestritten haben. Das stärkt unser Selbstvertrauen und hilft so unserer

Konzentration.

Jeder macht Fehler – Plane deine mit ein

Es zählt, was wir nach dem Fehler tun. Schwächere Spieler verweilen bei ihren Fehlern. Es beschäftigt ihre Gedanken und führt zu einer schwächeren Leistung. Die besten Spieler lassen es hinter sich. Fehler passieren jedem irgendwann. Das sollten wir einplanen. Dazu entwickeln wir eine Routine oder einen Gedanken, der uns aus dem negativen Moment heraus und zurück zum positiven bringt.

Darauf gibt es keine festen Antworten, alle haben ihre eigene Art, sich weiterzuentwickeln. Es könnte ein Gedanke an ihr Kind sein, ein Lied, das sie in ihrem Kopf spielen, eine körperliche Sache, die sie tun, wie auf der Stelle joggen oder ein paar Sprünge machen.

Der Schlüssel liegt darin, unseren physischen oder mentalen Stimulus herauszuarbeiten und zu planen, ihn zu nutzen, wenn wir ihn brauchen.

Die Verantwortung für Stress übernehmen

Stress ist nicht unbedingt schlecht. Wenn wir ihn spüren, erhöht sich unsere Herzfrequenz und pumpt mehr Blut und Sauerstoff zu unseren Muskeln. Dieser Stress kann jedoch positiv in Form von Aufgeregtheit oder negativ in Form von Sorge oder Angst sein. Wir müssen dies erkennen und daran arbeiten, unseren Stress positiv zu gestalten.

Wir können dies durch Meditationstechniken tun, indem wir beispielsweise zwei Minuten vor einem Spiel damit verbringen, unsere Muskeln bewusst von den Zehen bis zum Kopf zu entspannen. Wir können, wie in der obigen Übung, etwas Positives visualisieren, um uns dabei zu helfen, Sorgen in etwas Positives umzuwandeln.

Es liegt an uns als Individuen zu erkennen, was für uns funktioniert. Der Schlüssel ist, zu verstehen, dass etwas Stress vor einem großen Spiel oder in einem entscheidenden Moment in einem Spiel normal ist. Wir müssen ihn kontrollieren, anstatt uns von ihm kontrollieren zu lassen.

Schlaf

Schlaf hilft bei der geistigen Ausdauer. Erwachsene brauchen sieben bis neun Stunden pro Nacht, Teenager (das Alter, in dem am Häufigsten Einschlafschwierigkeiten auftreten) neun bis elf Stunden und junge Teenager etwa zehn Stunden. Untersuchungen haben gezeigt, dass Schlaf dem Körper hilft, sich selbst zu reparieren. Aber relevanter für diesen Abschnitt des Buches ist, dass er uns auch hilft, unsere Fähigkeit zu verbessern, Entscheidungen in Sekundenbruchteilen zu treffen, und unsere Reaktionszeit zu verkürzen.

Es gibt Trainer, die diese mentalen Ausdauerübungen ablehnen, ja die ganze Bedeutung der mentalen Seite des Spiels.

Aber sie liegen falsch; auch hier können wir die Top-Profiklubs zum Vorbild nehmen. Diese beschäftigen Trainer, die speziell mit den Spielern zusammenarbeiten, um ihre mentale Ausdauer aufzubauen. Wenn es nicht wichtig wäre, wären diese Trainer arbeitslos. In diesem Kapitel haben wir nach Möglichkeiten gesucht, die wichtigen Attribute der körperlichen und geistigen Ausdauer zu entwickeln. Als nächstes werden wir uns die andere Seite des mentalen Teils des Spiels ansehen – Disziplin.

Geistige Disziplin

Mangelnde geistige Disziplin kann sowohl für unser Team als auch für uns selbst drastische Folgen haben. Das Folgende sind einige der Auswirkungen einer schwachen Denkweise – wenn etwas auf uns oder unsere Spieler zutrifft, dann müssen wir etwas tun, um unseren mentalen Zustand auf Vordermann zu bringen.

- Ich bekomme Ärger mit dem Schiedsrichter.

- Ich lande in negativen Auseinandersetzungen mit meinen Teamkollegen. (Beachte, dass positive Kritik eine gute Sache ist, ebenso wie Ermutigung. Wir sprechen hier von der Art der Schuldzuweisungskultur, die sich schnell in einem Team ausbreitet).

- In Spielen verliere ich die Konzentration, obwohl ich im Training gut bin.

- Ich bin von meiner Leistung frustriert und es fühlt sich an, als würde ich aufgeben.

- Ich gebe im Training alles, kann es dann während der

Spiele nicht wiedergeben.

- Ich finde, mein Selbstvertrauen geht in Spielen verloren, aber es ist in Ordnung, wenn wir trainieren.

- Ich habe das Gefühl, dass meine Leistung von der Entschlossenheit dominiert wird, Fehler zu vermeiden.

Tiefes Atmen

Fußball ist ein Wettkampfspiel mit viel Körperkontakt. Gesetze werden subjektiv angewandt und liegen meist in den Händen eines Schlichters, des Schiedsrichters. Das ist ein Rezept für Frustration, und viele von uns verderben es sich mit dem Schiedsrichter oder stürzen sich in einen harten Zweikampf, den wir sofort bereuen und der nicht zu unserer Persönlichkeit passt.

Wir können diesen Wutausbruch durch Atmen kontrollieren. Zehn tiefe Atemzüge nach einem Vorfall entfernen uns vom unmittelbaren Kontaktpunkt und erzeugen auch eine physiologische Wirkung in unserem Körper, die uns helfen kann.

Beim tiefen Atmen werden Endorphine freigesetzt, die uns dabei helfen, uns zu entspannen und zu beruhigen.

Das können wir in unserem Alltag praktizieren. Jeder ist frustriert, und wenn wir die Zehn-Tiefe-Atemzüge-Übung machen, wenn uns zu Hause oder bei der Arbeit etwas aufregt, wird es zur zweiten Natur, dies in der herausfordernderen Umgebung eines Fußballspiels zu tun. Die Technik ist leicht zu beherrschen. Atme langsam und tief durch die Nase ein, halte einige Sekunden lang an und lasse den Atem dann langsam durch den Mund los.

Mentale Stärke verstehen

Sportwissenschaftler der britischen Lincoln University und der John Moore's University (in Liverpool) haben kürzlich eine Studie darüber durchgeführt, was mentale Stärke im Fußball ausmacht. Ihre Ergebnisse sind interessant; und wenn wir sie verstehen, erkennen wir, dass wir mentale Stärke entwickeln können, indem wir den Charakterzügen derjenigen folgen, die sie besitzen.

In erster Linie, und vielleicht nicht überraschend, war es bei denjenigen mit mentaler Stärke viel wahrscheinlicher, erfolgreiche Spieler zu werden, sogar mehr als einige Spieler, die körperlich besser, aber mental schwächer waren.

Mentale Stärke wurde durch folgende Merkmale definiert:

- Kritikfähigkeit.
- Die Bereitschaft, die Kontrolle über das eigene Lernen zu übernehmen.
- Die Bereitschaft, andere Freuden für den Fußball zu opfern.
- Ein Mangel an Bedürftigkeit.
- Stärken ausspielen und gleichzeitig an Schwächen arbeiten.

- Fähigkeiten zur Problemlösung.

Die Fähigkeit, Kritik anzunehmen, entsteht, wenn wir uns dazu bringen, unserem Trainer zu vertrauen (oder, wenn ein Trainer unseren Spielern vertraut), Wege zu finden, mit dieser Kritik umzugehen und schließlich zu verstehen, dass sie, wie auch immer sie geäußert wird, nicht persönlich ist. Natürlich könnten sie das sein. Manche Trainer sind nicht so professionell wie andere – aber sie werden nicht lange bestehen. Wenn persönlich motivierte Kritik überhandnimmt, ist es wahrscheinlich an der Zeit, den Verein zu wechseln.

Die Forscher fanden heraus, dass mental starke Spieler Trainingsroutinen und -praktiken ausarbeiten, um ihre Schwächen anzugehen, indem sie die Verantwortung für das eigene Lernen übernehmen. Sie tun dies selbstständig (lassen sich bei Bedarf beraten) und verbringen dann ihre Zeit damit, selbst an der Lösung ihrer Probleme zu arbeiten.

Wenn wir also als Spieler kritisiert werden, dass wir dazu neigen, im letzten Viertel aus dem Tempo zu geraten, können wir an einigen der zuvor im Buch erwähnten Ausdauerübungen arbeiten. Wenn es Bedenken hinsichtlich unserer Fähigkeit gibt, mit unserem schwächeren Fuß zu passen, können wir einige Übungen finden, um dies anzugehen.

Die Forscher untersuchten Akademiespieler bei Spitzenklubs. Das waren Jungen und junge Männer auf der Suche nach einer Zukunft als Berufsspieler. Viele der Leser dieses Buches werden geringere Ambitionen oder Fähigkeiten haben, was bedeutet, dass ein Leben als Profi überhaupt nicht wahrscheinlich ist. An den Grundsätzen eines mental starken Fußballspiels ändert dies nichts.

Der Mangel an Bedürftigkeit wurde von den Forschern wie

folgt definiert: Die erfolgreichsten Spieler hörten sich Trainer-Kritikpunkte an und übernahmen dann selbst die Verantwortung für ihre Fähigkeit, diese Punkte zu liefern. Bedürftige Spieler brauchten in überproportionalem Maße ständige Bestätigung, Klärung, wenn sie für ein Spiel auf die Ersatzbank gesetzt wurden, und viel Zeit von ihren Trainern.

Die meisten Leser von „Fußball-Fitness" sind wohl Spieler, für die Spaß die Hauptmotivation für das Spielen ist. Wenn wir also über Opfer sprechen, müssen wir dies im Zusammenhang mit unseren Zielen sehen. Es besteht jedoch kein Zweifel, dass wir, wenn wir viel trinken, uns schlecht ernähren, das Training für nicht wesentliche Aktivitäten verpassen oder unsere körperliche Fitness nur den offiziellen Trainingszeiten überlassen, als Spieler nicht so stark sind, wie wir sein könnten.

Jeder Einzelne muss sich seine eigenen Ziele setzen und dann ein Programm entwerfen, um diese zu erreichen. Das wird wahrscheinlich einige Opfer aus anderen Teilen ihres Lebens beinhalten. Aber die Verbesserung unseres Spiels, die wir erreichen, wird es mehr kompensieren, als wenn wir uns beispielsweise zum Mittagessen am Sonntag an einem Glas Wein festhalten.

Mental starke Spieler arbeiteten nicht nur an ihren

Schwächen. Sie vertrauten auf ihr Können und spielten auch ihre Stärken aus. Wenn unsere Stärke also darin besteht, dass wir zwar ein hohes Tempo haben, uns aber unser erster Kontakt manchmal im Stich lässt, würden wir so spielen, dass wir unsere Geschwindigkeit ausnutzen, indem wir zum Beispiel unsere Läufe hinter die Verteidigung bringen.

Wir würden auch zusätzliche Zeit damit verbringen, an Übungen zu arbeiten, um unseren ersten Kontakt zu verbessern.

Problemlösung sowohl in Spielsituationen als auch im Training – ein einfaches Beispiel für Ersteres ist, dass unser Gegner in der Luft (im Kopfball) viel stärker ist. Wir arbeiten daran, erkennen, dass wir Kopfbälle oft nicht gewinnen, also lassen wir paar Meter abfallen, um sicherzustellen, dass wir die Ersten sind, die darauf anspringen.

Die Problemlösung im Training könnte sich auf ein Sprint-Erholungsprogramm beziehen, das keine Ergebnisse lieferte. Die besten Spieler entwickelten Optimierungen für ihr individuelles Trainingsprogramm, an denen sie entweder selbst arbeiteten oder die sie kurz mit ihren Trainern besprachen, um Rückmeldung zu erhalten.

Bei mentaler Stärke geht es also nicht nur darum, etwas

auf unsere Weise zu tun. Es geht auch darum zu erkennen, wie wichtig es ist, Kritik anzunehmen und Ratschlägen zu vertrauen. Führung anzunehmen ist tatsächlich eine Form der geistigen Stärke, während das Nichtbeachten von Ratschlägen ein Zeichen für schwächere mentale Kraft ist.

Wir können dieses Kapitel zusammenfassen, indem wir die folgenden Punkte als Schlüssel zur mentalen Seite des Spiels erkennen:

- Vertrauen in das eigene Können, entwickelt durch die Visualisierung unserer Erfolge.

- Die Fähigkeit, Stress in etwas Positives umzuwandeln, indem wir das erzeugte Adrenalin als Stärke für unser Spiel nutzen. Dies wird durch die Entwicklung unserer eigenen „beruhigenden" Techniken entwickelt.

- Kontrolle der Spiel-Emotion, eine Technik dafür ist tiefes Atmen.

- Mentale Stärke entwickeln.

Im letzten Kapitel werden wir die Bedeutung der Ernährung für unsere körperliche Fitness und unser Training betrachten.

Ernährung

Eine gesunde und ausgewogene Ernährung ist gut für uns, egal ob wir Sport treiben oder nicht. Die Bewegung, die wir beim Fußballspielen machen, trägt zusätzlich zu unserer Gesundheit bei. Ein solcher Nutzen bedeutet, dass wir uns in einem gesunden Glanz der Selbstbeweihräucherung sonnen können – zumindest für eine Weile!

Eine gesunde Ernährung kombiniert mit guter Bewegung wird:

- Unser Risiko für Herzerkrankungen reduzieren.

- Unser Schlaganfallrisiko reduzieren.
- Die Wahrscheinlichkeit verringern, an Diabetes zu erkranken.
- Unsere Verdauung verbessern.
- Die Wahrscheinlichkeit reduzieren, an einigen Krebsarten zu erkranken.
- Unseren Blutdruck auf einem guten Niveau halten.

- Die Wahrscheinlichkeit einer Ansteckung reduzieren oder den Ausbruch von Erkrankungen wie Alzheimer und anderen degenerativen Hirnerkrankungen verzögern.

Wenn diese gesundheitlichen Vorteile nicht ausreichen, werden wir auch:
- Unseren Körper schlank und gesund aussehen lassen.
- Flexibler beiben.
- Die Gesundheit von Knochen und Muskeln verbessern.

- Das Selbstwertgefühl entwickeln, das mit einem guten Gefühl einhergeht.

- Eine bessere Lebensqualität genießen.
- Unsere Konzentration verbessern.
- Negativen Stress reduzieren.
- Positive Endorphine freisetzen.
- Als Folge davon, sich gut zu fühlen, eine bessere Laune genießen und so bessere Beziehungen aufbauen.

Hoffentlich gehört der Wert einer guten Ernährung zu den Selbstverständlichkeiten, die keiner weiteren Begründung bedürfen. In der Tat, wenn wir uns gut ernähren, werden wir unser Essen mehr genießen und uns nicht mehr auf übermäßiges Salz und Zucker verlassen, die viel zu viel zur typischen westlichen Ernährung beitragen und dabei unsere Geschmacksknospen abstumpfen. Wir konditionieren auch unseren Körper, um Heißhunger zu reduzieren.

Lasst uns mit diesen fest etablierten Punkten einen Blick darauf werfen, was eine gesunde Ernährung für einen Fußballspieler ausmacht.

Nahrung für die Widerstandskraft

Diese Lebensmittel helfen uns, uns vor Krankheiten zu schützen, helfen unserem Körper, Energie zu produzieren und sich schnell von Verletzungen zu erholen.

Orangefarbene Lebensmittel wie Karotten, getrocknete Aprikosen, Orangen und Süßkartoffeln liefern reichlich Vitamin A, das uns beim Wachstum und bei der Entwicklung hilft.

Vitamin C hilft dem Immunsystem, richtig zu funktionieren und uns gesund zu halten. Dieses findet sich in größeren Mengen in grünen Blättern, Paprika, Orangen und Kiwis. Auch Zitrusfrüchte wie Zitronen und Limetten sind gute Quellen. Ein Spritzer frischer Limette in einem Glas Wasser und ein Hauch von Eis sorgen für ein erfrischendes Getränk, wenn wir das reine Wasser satt haben.

In der Regel sollte unser Mittag- und Abendessen zur Hälfte aus Gemüse bestehen, und Obst sollte Pudding und Süßigkeiten in unserer Ernährung ersetzen.

Erholung von Training und Spielen

Wir müssen unsere Energiereserven nach der schweren Anstrengung eines Spiels oder einer intensiven Trainingseinheit auffüllen. Dafür müssen wir sicherstellen, dass wir Kohlenhydrate und gute Fette essen. Nudeln und Reis eignen sich gut dafür, wobei Vollkornversionen besser sind als verarbeitete weiße Sorten.

Viel Wasser sorgt für die Flüssigkeitszufuhr, die wir brauchen, damit unser Körper richtig funktioniert und sich in diesem Fall von unseren Anstrengungen erholt. Schließlich tragen proteinreiche Lebensmittel wie Huhn, Eier, fettarme Milch und Fisch dazu bei, dass die Muskeln gesund und einsatzbereit bleiben.

Wie wir bereits gesehen haben, ist die Ausdauer ein

entscheidendes Element im Arsenal eines Fußballspielers. Langsam freisetzende Kohlenhydrate sind hier wichtig. Kartoffeln mit Schale, Vollkornreis oder Nudeln helfen unserem Gehirn und Körper, das Spiel zu überstehen. Im Gegensatz dazu sorgen zuckerhaltige Speisen oder Getränke für einen schnellen Energieschub, der aber schnell verfliegt und daher sollten diese vermieden werden.

Da die Hälfte unseres Tellers aus Gemüse besteht, sollte ein weiteres Viertel aus Kohlenhydraten bestehen.

Energie

Fußballer brauchen Energie. Das kommt von den Proteinen. Als Sportler sollten wir zu jeder Mahlzeit Proteine zu uns nehmen. Gute Lebensmittel sind die oben genannten sowie Bohnen, Linsen und Tofu. Milch (fettarm) ist ein effektives Getränk nach dem Spiel. Das restliche Viertel unseres Tellers sollte aus Eiweiß bestehen.

Wir dürfen das in Milchprodukten enthaltene Kalzium nicht vergessen, das zur Stärkung unserer Knochen beiträgt.

Den Geist gesund halten

Wir haben mehr als ein Kapitel der Rolle des Gehirns gewidmet, die uns zu einem effektiven Fußballspieler macht. Die Gesundheit des Gehirns wird durch Öle und Fette verbessert. Fetter Fisch wie Lachs und Makrele sind eine ausgezeichnete Quelle für Omega-3-Öle, die die Gehirnleistung aufbessern. Nüsse und Samen sind ein weiteres gutes Beispiel – eine Handvoll Nüsse ergibt einen gesunden, leckeren Snack, der auch noch richtig gut für uns ist.

Am besten ist es, wenn man Lebensmittel mit gesättigten Fetten vermeidet, zu denen rotes Fleisch gehört (seltsamerweise gilt Schweinefleisch aufgrund seiner Farbe als rotes Fleisch, zusammen mit Lamm, Rind, Wild usw.). Andere Lebensmittel, die vermieden werden sollten, sind Butter, Eiscreme, Chips und Vollmilch.

Wie viel?

Da wir als Fußballer sehr aktiv sind, müssen wir keine Kalorien zählen. Wohlgemerkt, ein riesiges Curry mit Naan-Brot, Vorspeise und cremigem Dessert, begleitet von vier Halben

Lagerbier, sollte eher ein gelegentlicher Genuss sein.

Wir sollten eine Vielzahl von Farben in unserer Ernährung zu uns nehmen und auch eine ausgewogene Ernährung sicherstellen, indem wir eine Vielzahl von Lebensmitteln aus den oben genannten Gruppen essen.

Wir müssen viel Flüssigkeit zu uns nehmen, ein paar Liter Wasser am Tag. Bis zu zwei Tassen Tee und zwei Tassen Kaffee reichen aus, um einen Teil dieser Flüssigkeitsaufnahme abzudecken.

Um dieses Kapitel über Ernährung zusammenzufassen:

- Die Mahlzeiten sollten zur Hälfte aus Gemüse, zu einem Viertel aus Kohlenhydraten und zu einem Viertel aus Eiweiß bestehen.

- Wir müssen Kalzium reiche Lebensmittel in unsere tägliche Aufnahme integrieren (zum Beispiel ist eine Schüssel Naturjoghurt mit Nüssen und frischem Obst ein ausgezeichnetes, schmackhaftes und nahrhaftes Frühstück).

- Wir sollten eine Vielzahl von Lebensmitteln essen, um

ein Gleichgewicht zu gewährleisten und es leichter zu machen, Heißhunger auf schlechte Lebensmittel zu vermeiden.

- Verarbeiteter Zucker, übermäßiges Salz (wie in Fertiggerichten enthalten) und gesättigte Fette sollten vermieden werden.

- Für einen kurzen Zeitraum, wie weiter oben in diesem Buch beschrieben, können wir eine kurze Fastenperiode durchführen, die in Kombination mit Bewegung schnell überschüssiges Fett verbrennt und uns eine schlanke Körperfigur verleiht.

- Die oft zitierte Behauptung, dass wir nicht mit leerem Magen trainieren sollten, ist nicht stichhaltig. Während des Fastens ist ein leichtes Training von Vorteil.

- Man fastet entweder, indem man ein paar Tage pro Woche mit vielen kleineren Mahlzeiten auskommt oder man lässt eine Mahlzeit am Tag aus.

Ein paar Worte zum Schluss

Vielen Dank, dass du dieses Buch gekauft und gelesen hast. Als jemand, der gerne Sport treibt, sei es beim Spielen oder Trainieren, hoffen wir, dass es eine Mischung aus den wissenschaftlichen Vorteilen einer guten körperlichen und geistigen Fitness, deren Bedeutung im Fußball und einigen praktischen Wegen zum Erreichen eines optimalen Fitnessniveaus vermittelt hat.

Denke daran, dass es beim Fußballspielen in erster Linie um Spaß geht. Ein Teil dieser Freude kommt von der Zufriedenheit zu wissen, dass wir auf dem besten Niveau spielen, das unsere Fähigkeiten zulassen. Dieses Buch hilft uns, das beste Niveau zu erreichen, dessen wir fähig sind.

Denke jedoch daran, dass wir alle verschieden sind. Wir finden unsere eigenen mentalen Reize, die gut für uns funktionieren, selbst. Wir finden auch Trainingsprogramme, die für uns am besten geeignet sind, um Schnelligkeit, Kraft, Ausdauer und schnelle Erholung zu erreichen. Bitte passe die

Übungen und Aufgaben deinen eigenen Gegebenheiten und Bedürfnissen an.

Am wichtigsten ist vielleicht, dass die Allround-Fitness, die wir als Fußballspieler gewinnen, uns für den Rest unseres Lebens zugute kommen wird.

Genieße deinen Sport.

Grundlegende Fußballfähigkeiten

Für Kinder

Chest Dugger

ÜBER DEN AUTOR

Chest Dugger ist ein Pseudonym für unsere Fußballtrainermarke Abiprod. Wir bieten hochwertige Fußballtrainingstipps, Übungen, Fitness- und Mentalitätstipps, um Ihren Erfolg sicherzustellen.

Wir sind seit Jahrzehnten Fans dieses schönen Spiels. Wie jeder Fußballfan auf der ganzen Welt schauen und spielen wir das wunderbare Spiel so oft wie möglich. Ob wir Fans von Manchester United, Real Madrid, Arsenal oder LA Galaxy sind; wir teilen die gemeinsame Liebe zu diesem schönen Spiel.

Aufgrund unserer Erfahrungen haben wir festgestellt, dass es für den normalen Fußballfan, der sein Spiel auf die nächste Stufe bringen möchte, nur sehr wenige Informationen gibt. Oder für den, der seine Kinder auf den Weg bringen will. Zu viele Informationen im Internet und außerhalb sind zu einfach gehalten.

Da wir eine Leidenschaft für das Spiel haben, möchten wir die Botschaft so vielen Menschen wie möglich vermitteln. Durch unseren Fußballtrainer-Blog, unsere Bücher und Produkte; unser Ziel ist es, der

Welt qualitativ hochwertiges Fußballtraining anzubieten. Jeder, der sich für dieses schöne Spiel begeistert, kann unsere Taktiken und Strategien nutzen.

Hier ist ein Link zu unserer Autorenseite für andere Bücher.

[Chest Dugger Author Page](#)

HAFTUNGSAUSSCHLUSS

Copyright © 2023

Alle Rechte vorbehalten

Kein Teil dieses E-Books darf ohne vorherige schriftliche Genehmigung des Autors in irgendeiner Form übertragen oder reproduziert werden, sei es in gedruckter Form, elektronisch, durch Fotokopieren, Scannen, mechanisch oder als Aufzeichnung.

Obwohl der Autor die größtmögliche Anstrengung unternommen hat, um die Richtigkeit des geschriebenen Inhalts sicherzustellen, wird allen Lesern empfohlen, die hierin genannten Informationen auf eigenes Risiko zu befolgen. Der Autor kann nicht für persönliche oder kommerzielle Schäden verantwortlich gemacht werden, die durch die Informationen verursacht werden. Allen Lesern wird empfohlen, bei Bedarf professionellen Rat einzuholen.

Einführung – Welche Fähigkeiten müssen zuerst entwickelt werden?

Fußball ist der beliebteste Mannschaftssport der Welt. Es ist perfekt für Kinder zum Spielen. Er ist sicher, einfach und die erforderlichen Fähigkeiten können leicht erworben werden. Um ein erfahrener Spieler zu werden, sind ein hohes Maß an Engagement, natürliche Athletik und angeborene Fähigkeiten erforderlich. Jedes Mädchen und jeder Junge kann den Sport ausüben und Spaß auf seinem eigenen Niveau haben.

Aus diesem Grund verbreitet sich das Spiel in den USA so schnell. Und deshalb wächst der Bedarf an Trainern und Spielern kontinuierlich und rasant. Denn wer würde seinen Kindern nicht die Chance ermöglichen, sich körperlich fit zu halten, ihre natürliche Wettbewerbsfähigkeit auf organisierte Weise zu kanalisieren und auf produktive und lohnenswerte Weise beschäftigt zu bleiben? Darüber hinaus fördert Fußball Geschicklichkeit, Problemlösung, Zusammenarbeit, Freundschaft, Respekt, Selbstdisziplin, Teamgeist und Sportsgeist. All das sind Lebenskompetenzen, die man sich am besten in jungen Jahren aneignen kann.

Aber es gibt für Jugendliche, die Fußballer auf einem guten Vereinsniveau werden wollen, so viel zu lernen. Schießen, verteidigen, vordringen, passen, den Ball kontrollieren, die Spielregeln (sogar Profis haben hin und wieder Probleme mit der Abseitsregel, und, so scheint es manchmal, auch die Schiedsrichter selbst). Und was noch wichtiger ist: Kinder müssen die Essenz des Fußballs kennenlernen. Fairplay und der oben erwähnte Sportsgeist. Dies gilt insbesondere für die heutigen Jugendlichen, die dem Druck ausgesetzt sind, in einer herausfordernden Welt aufzuwachsen, die von den Zwängen des Konsums und der sozialen Medien geprägt ist.

Dieses Buch bietet Ratschläge und Tipps für Trainer und Eltern, die jungen Menschen dabei helfen wollen, erfolgreiche Spieler zu werden. Es hilft ihnen auch, „Erfolg" zu definieren, sei es, dass sie ein paar Stunden pro Woche mit Freunden verbringen, um sich in einer unterhaltsamen Umgebung körperlich fit zu halten, oder dass sie die akademischen Stufen durchlaufen und vielleicht sogar das ultimative Ziel erreichen, Profi zu werden. Das Buch enthält zahlreiche Übungen, Schlüsselkompetenzen und einen Blick darauf, wie sich die kindliche Entwicklung auf den Fortschritt junger Teilnehmer als Spieler auswirkt. Daher ist es eine unverzichtbare Lektüre für angehende Trainer oder Eltern, deren Kind anfangen möchte, für eine Mannschaft zu spielen. Es bietet neue Ideen für erfahrene Trainer und Übungen, die an die Bedürfnisse von Spielern und Teams angepasst werden können.

Wir betrachten Offensiv- und Defensivspiele im Detail. Wir berücksichtigen die Grundlagen der Kontrolle. Wir befassen uns mit Dribbling-Fähigkeiten, der mentalen Seite des Spiels und haben ein spezielles Kapitel für Eltern.

Wir betrachten auch die erheblichen Vorteile, die die Fernsehberichterstattung jungen Spielern bieten kann, indem sie ihre Begeisterung für das Spiel wecken und ihnen gleichzeitig die Möglichkeit geben, von den größten Vertretern des Spiels zu lernen.

Vor allem legen wir Wert darauf, dass man Spaß daran hat. Die vorgeschlagenen Übungen machen Spaß, die Vorteile des Matchplays werden betont. Manchmal kann Fußball etwas zu ernst werden (und was tappt im Leben nicht manchmal in diese Falle?). Trainer und Funktionäre im Sport vergessen trotz der besten Absichten, dass die jungen Teilnehmer des Sports genau das sind. Jung. Es ist schön und gut, die geplante Entwicklung auf künftige Nationalmannschaften zu konzentrieren, aber ein vernachlässigbarer Prozentsatz der Teilnehmer wird jemals auch nur annähernd auf diesem Niveau spielen können.

Das Wichtigste am Fußball ist, dass alle Spieler Freude daran haben. Wären der junge Neymar oder Hazard die Spieler geworden, die sie heute sind, wenn das Fußballtraining eine unerfreuliche Pflicht gewesen wäre? Mit ziemlicher Sicherheit nicht.

Und was Kinder am meisten lieben, ist das Laufen, Schießen, Feiern und Wettkämpfe. (Anmerkung: Nicht immer gewinnen zu wollen, ist eine viel erwachsenere Perspektive. Kinder, die es hassen, zu verlieren, lernen diese Eigenschaft von den Erwachsenen um sie herum. Zu gewinnen ist schön, aber ebenso auch zu verlieren, besonders wenn wir aus dieser Erfahrung einen Gewinn ziehen können.)

Wenn wir jungen Spielern die Möglichkeit geben, Freude am Fußball zu haben und dabei zu besseren Menschen zu werden, dann haben wir glückliche Kinder. Wer könnte mehr verlangen?

Grundlegende Kontrollfähigkeiten

Spanien gegen England. Der neu eröffnete Nationenpreis. Es ist ein Spiel, das England unbedingt gewinnen muss, aber die Chancen stehen schlecht. Der Ballbesitz wird tief in der englischen Hälfte erkämpft und der Ball wird früh und weit geschlagen.

Es ist nicht die beste Taktik, insbesondere gegen eine gut organisierte Verteidigung, die sich nicht zu sehr nach vorne engagiert. Spanien hat zwei Verteidiger zurückbehalten, um der Bedrohung durch Englands einzigen Stürmer Harry Kane standzuhalten. Kane war in einer guten Form, er gewann den Goldenen Schuh bei der Weltmeisterschaft und gilt als einer der besten Neuner der Welt. Aber hier ist er isoliert.

Die erste Phase seines Schaffens hat einen Hauch von Glück. Als er sich auf das Tor zubewegt, wird er schwer getroffen und der Ball fällt an seinen Fußrücken. Aber von da an ist Kanes Arbeit ausgezeichnet. Da ihm bewusst ist, dass er Gefahr läuft, den Ball zu verlieren, dreht er sich schnell um und bringt sich in Position. Sein erster richtiger Ballkontakt nimmt den Ball von seinen Verteidigern weg, macht aber nicht alle Vorwärtsbewegungen des Angriffs zunichte. Der zweite

Angriff reicht aus, um einen Verteidiger heranzuziehen und etwas Platz hinter ihm zu schaffen.

Seine Ballkontrolle hat es auch einem anderen Teamkollegen ermöglicht, zur Unterstützung nach vorne zu rennen. Kanes dritter Ballkontakt ist ein wunderschön gewichteter Pass, der diesen Teamkameraden ins Spiel bringt und es dauert nur einen weiteren Ballkontakt, bis der Ball im Netz landet. Alles wurde möglich, weil ein hoffnungsvoller Pass nach vorne mit technischer Exzellenz und Weitsicht kontrolliert wurde.

Beim Fußball ist die Kontrolle über den Ball das A und O. Scouts achten vor allem auf diese Fähigkeit, wenn sie das Potenzial eines jungen Spielers einschätzen. Es ist die Eigenschaft, die zu qualitativ hochwertigen Pässen, Schüssen und Dribblings führt.

Es gibt eine Reihe von Abschnitten, um den Ball zu kontrollieren, alle sind wichtig und auch wenn das Üben dieser Abschnitte vielleicht nicht ganz so viel Spaß macht wie das Schießen oder Dribbeln, wird die Zeit, die man für jeden Aspekt aufwendet, erhebliche Belohnungen bringen.

Den Druck kontrollieren

Die genaue Methode zur Erlangung der Kontrolle hängt in gewissem Maße davon ab, wie viel Zeit dem Empfänger bleibt, bevor er angegriffen wird. Ebenso muss gut entschieden werden, ob sich der Empfänger auf den Ball zubewegt, an der gleichen Stelle bleibt oder sich vom Ball wegbewegt. Im Allgemeinen ist es am besten, sich auf den Ball zuzubewegen, und dies ist eine gute Standardposition. Allerdings ist es nicht immer die stärkste Option.

Schauen wir uns die Informationen an, die ein Spieler verarbeiten muss, um seine Entscheidung zu treffen.

Sich auf den Ball zubewegen: Normalerweise maximiert dies die Zeit am Ball und nimmt den Druck vom ersten Ballkontakt weg, worauf wir später in diesem Kapitel noch näher eingehen werden. Dadurch wird auch die Wahrscheinlichkeit verringert, dass ein Pass vom Gegner abgefangen wird, und der Ball kann schnell weiterbewegt werden. Das Tempo eines Angriffs ist oft entscheidend, um Chancen zu schaffen und Tore zu erzielen. Die Entscheidung, sich vorwärts und auf den Ball zuzubewegen, wird von folgenden Faktoren bestimmt:

- Besteht die Gefahr des Abgefangenwerdens?
- Habe ich mehr Zeit am Ball, wenn ich mich auf ihn zubewege?

- Sehe ich einen Pass, der schneller ausgeführt wird, wenn ich mich zum Ball hinbewege?
- Weiß ich, ob sich Gegner in der Nähe befinden?

Top Tipp – *Kleinere Kinder wollen oft eher dribbeln als passen. Dies ist der Zustand ihrer emotionalen Entwicklung, in dem das „Es" vorherrscht. Veranstalten Sie ein Rennen, die Kinder gegen den Ball. Dadurch erkennen sie, dass sich der Ball schneller bewegt, als sie laufen können.*

Auf den Ball warten: Dies ist die Entscheidung, die getroffen werden muss, wenn die Absicht besteht, den Ball anzunehmen und mit einem Dribbling oder einem Pass, der das Spiel wechselt, nach vorne zu drängen. (Mit „Spielwechsel" meinen wir, den Ball schnell von einer Seite des Spielfelds zur anderen zu bewegen, normalerweise mit nicht mehr als zwei oder drei Pässen.) Die Spieler entscheiden, ob sie einen Ballkontakt ausführen oder ob der Winkel und das Tempo des Passes korrekt sind und sie Zeit haben, den Ball weiterlaufen zu lassen und mit einem Dribbling oder einem ersten Pass weiterzumachen.

- Habe ich Zeit?

- Wird die Bewegung in Richtung des Balls meine Möglichkeiten einschränken, wenn ich die Kontrolle über den Ball übernehme?

Sich vom Ball wegbewegen: Dies ist die am wenigsten verbreitete Option, kann jedoch verwendet werden, wenn der Pass lang ist und die Position geändert werden muss, um den Ball am einfachsten kontrollieren zu können.

- Wird der Pass vor mir abprallen, über meinen Kopf hinweggehen oder an mir vorbeigehen, bevor ich ihn erreichen kann?
- Handelt es sich um einen langen Pass, den ich mit dem Kopf ausführen kann?

Solche Entscheidungen zu treffen, wird durch Übung zur zweiten Natur, aber zwei Übungen können dabei helfen, diesen Instinkt zu entwickeln. Die Übungen sollten darauf abzielen, die Manöver instinktiv zu machen. Die eine beinhaltet einen einfachen Blick über die Schulter, während der Ball eingespielt wird, die zweite ist etwas technischer und zielt darauf ab, die periphere Sicht zu entwickeln. Je besser diese ist, desto weniger Zeit verbraucht der Spieler ohne Sichtkontakt zum Ball.

Kontrollübung – der Blick

In dieser Übung und in jedem der folgenden Diagramme verwenden wir den folgenden Schlüssel:

- Weißer Kreis – Überwiegend offensives Team;
- Schwarzer Kreis – Überwiegend defensives Team;
- Kleiner grauer Kreis – Ball;
- Dicker weißer Pfeil – Bewegung des Balls;
- Schmaler schwarzer Pfeil – Bewegung von Offensivspielern;
- Dicker schwarzer Pfeil – Bewegung von Defensivspielern;
- Box – Raster, nicht maßstabsgetreu.
- Graue Ovale (verschiedene Größen) – Zusätzliche Tore, Kegel usw.
- Wir haben Diagramme verwendet, bei denen wir der Meinung sind, dass eine bildliche Anleitung die Übung klarer macht. Andere sind äußerst unkompliziert (aber nicht weniger effektiv) und können besser durch bloße Worte kommuniziert werden.

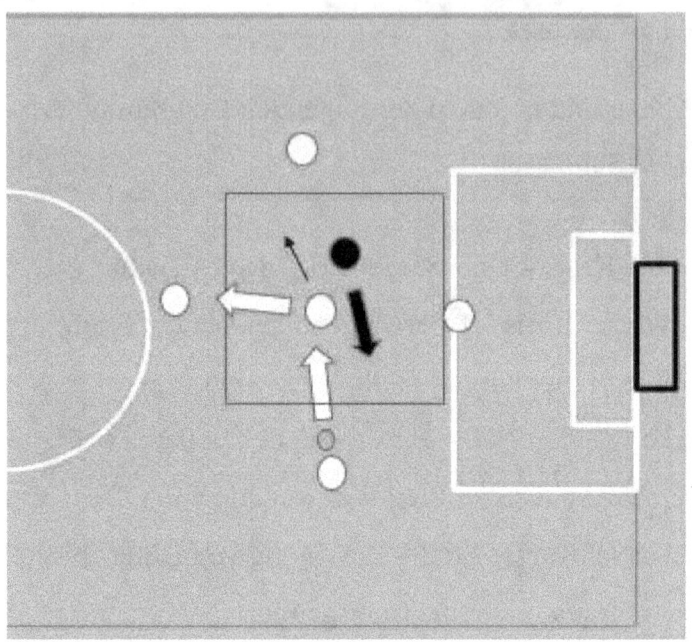

In „Der Blick" wird ein einfaches 10 x 10 m großes Raster aufgebaut. Es gibt fünf Offensivspieler und einen Defensivspieler. Wenn sich die Fähigkeiten verbessern, kann ein zweiter Defensivspieler hinzugefügt werden. Bei der Übung geht es darum, das Bewusstsein der Spieler für die ihnen zur Verfügung stehende Zeit zu schärfen. Der Ball wird zum angreifenden Spieler in der Startaufstellung gespielt, der den Ball mit zwei Ballkontakten einem Mitspieler zuspielen und sich dann vom defensiven Spieler entfernen kann. Anschließend wird der Ball zurückgespielt und die Übung fortgesetzt.

Der zentrale Offensivspieler muss sich beim Einspielen des Balls umschauen, nur ein kurzer Blick. Dadurch wird ihm die Bewegung des Abwehrspielers mitgeteilt. Die Rolle dieses Spielers besteht nicht darin, ein Tackling auszuführen, sondern darin, den nächsten Pass abzufangen.

Kontrollübung – Entwicklung des peripheren Sehens

Eine unterhaltsame, beliebte Übung, die nicht direkt mit Fußball zu tun hat. Manchmal wird das Spiel Bulldogge genannt. Die Übung funktioniert besonders gut im Innenbereich, kann aber auch draußen gespielt werden. Es werden zwei Teams organisiert. Es entsteht ein schmales Spielfeld von etwa 6 m x 20 m. Die Übung funktioniert am besten mit einer großen Gruppe von Spielern, aber das Spielfeld kann verkleinert werden, wenn nur wenige Spieler zur Verfügung stehen.

Eine Mannschaft stellt sich auf beiden Seiten des Spielfelds auf (oder, wenn drinnen, könnte eine Seite die Wand sein, was die zusätzliche Herausforderung durch Abpraller mit sich bringt). Sie sind mit einer großen Anzahl leichter Gummi- oder Schwammbälle bewaffnet. Team zwei muss von einem Ende des Spielfelds zum anderen gelangen, ohne von einem der Schwammbälle getroffen zu werden.

Sobald sie getroffen sind, schließen sie sich dem „Wurf"-Team an. Das Spiel geht weiter, bis es einen Gewinner gibt – den letzten „unberührten" Spieler. Anschließend tauschen die Teams.

Das große Ganze sehen

Sobald die Spieler automatisch entscheiden, wo sie sich positionieren, um den Ball zu erhalten, besteht der nächste Schritt darin, unser junges Team dazu zu bringen, das Gesamtbild zu sehen. Obwohl es hier als eigenständige Fähigkeit beschrieben wird, geschieht die Entscheidung, was mit dem Ball geschehen soll, in Wirklichkeit fast gleichzeitig mit der Entscheidung, ob man wartet oder sich auf den Pass zu oder von ihm wegbewegt.

Die Hauptpriorität liegt in der Ballbesitzhaltung, die durch die oben genannten Entscheidungen erreicht wird. Als nächstes geht es darum, was zu tun ist, wenn der Ballbesitz erhalten bleibt. Dabei handelt es sich um eine viel größere Entscheidung, die eine Reihe weiterer Entscheidungen beeinflusst. Wo der Ball empfangen werden soll, welche Körperhaltung eingenommen werden soll und mit welchem Körperteil der Ball kontrolliert werden soll, sind alles Dinge, die nach der Entscheidung darüber, wohin der Ball als nächstes gehen soll, ausgewählt werden.

Ohne zu sehr auf die kindliche Entwicklung eingehen zu wollen, ist es wichtig zu verstehen, wie Kinder die Welt wahrnehmen. Bis zum Alter von etwa fünf bis sechs Jahren geschieht dies völlig aus ihrer eigenen Sicht. Daher ist es für dieses Alter so gut wie unmöglich, sie dazu zu bringen, zu entscheiden, ob es das Beste ist, den Ball zu passen, zu dribbeln oder zu klären. Denn sie sehen das Spiel nur aus ihrer eigenen Perspektive, nicht aus der der Mannschaft. In diesem Alter ist es viel besser, an den Fähigkeiten zu arbeiten.

Wenn Kinder älter werden, erkennen sie zwar die Vorteile des Teamplays, allerdings immer noch aus einer ungewöhnlichen Perspektive. Wer regelmäßig trainiert oder zuschaut, wird feststellen, dass Spieler bis zum Alter von etwa 11 oder 12 Jahren überproportional an ihre besten Freunde im Team oder an die Spieler, die sie für die Besten halten, passen. Sie tun dies auch dann, wenn andere Teamkollegen möglicherweise besser platziert sind.

Dieses Verhalten kann auf jeden Fall ab dem 8. oder 9. Lebensjahr in Frage gestellt werden, aber der Trainer sollte verstehen, dass es ein Entwicklungsfaktor ist, der dies verursacht, und nicht mangelndes Fußballbewusstsein.

Eine gute Möglichkeit, Jugendlichen dabei zu helfen, den Überblick zu behalten, ist die Nutzung von Videoclips und Highlights von Spielen. Diese sind praktisch, da sie angehalten werden können, um einen Punkt zu veranschaulichen. Highlights sind nützlich, weil sie auch eine schlechte Entscheidungsfindung sowie große individuelle Fähigkeiten zeigen (die in der Regel im Mittelpunkt von Clips stehen). Für junge

Spieler ist es ebenfalls gut zu sehen, dass auch Profis auf dem höchsten Spielniveau Fehler machen und dass dies ein wertvoller Lernprozess ist.

Nicht jeder Trainer hat Zugang zu einem Clubhaus mit Fernseher oder Monitor, aber es können Laptops verwendet werden, und Eltern könnten es ihren Kindern auch zuhause zeigen, vielleicht mit einer Liste offener Fragen, die die Kinder zum Nachdenken anregen.

Sofern wir kein älteres oder besonders talentiertes Jugendteam trainieren, ist es am besten, diese Einheiten nicht als „Taktiktraining" zu bezeichnen, was viele Kinder als langweilig empfinden. Halten Sie die Einheiten lieber kurz, höchstens fünf Minuten, und verkaufen Sie sie auf der Grundlage der Präsentation eines Tores oder der Auswahl einiger Highlights aus einem großen Spiel.

Anschließend unterbricht der erfahrene Trainer die Aufzeichnung an verschiedenen Stellen und hebt die Entscheidungen hervor, die die Spieler bei der Ballannahme treffen. „Warum?"-Fragen regen Kinder zum Nachdenken an. „Warum hat Messi auf diesen Pass gewartet?" „Warum hat Özil nicht beim ersten Mal gepasst?" und so weiter.

Kontrollübung - Gesamtbild

Für diese Übung spielen wir ein normales oder kleines Spiel. Der Trainer sagt den Spielern, dass nach dem Anpfiff alle sofort stillstehen müssen. Anschließend befragt er die Spieler zu ihren Entscheidungen, wohin sie laufen werden, wie der Empfänger den Ball annimmt und wo die Verteidigung abdecken wird.

Diese Art von Übung ist effektiv, wenn sie regelmäßig etwa zehn Minuten lang durchgeführt wird und der Trainer das Spiel in dieser Zeit etwa einmal pro Minute unterbricht. Wäre es öfter, würde es die Spieler frustrieren und die Möglichkeit, Argumente zur Positionierung und Entscheidungsfindung vorzubringen, ginge verloren.

Den Ball annehmen

Nachdem der Spieler nun die Entscheidung darüber getroffen hat, wo er den Ball erhält und was er damit machen möchte, muss er als Nächstes die Fähigkeiten des ersten Ballkontakts oder der ersten Ballkontrolle üben. Es ist wichtig, dass, obwohl der erste Kontakt die Schlüsselkompetenz in diesem Aspekt des Spiels ist, die Art und Weise, wie er sich bewegt und welche Entscheidung er trifft, Einfluss darauf hat, wie er den Ball annehmen kann.

Es sind die entscheidenden Sekundenbruchteile, die dazu führen, dass der Pass schneller, mit weniger Druck und auf die richtige Art und Weise gespielt wird, die den sehr guten Spieler vom rein talentierten

Spieler unterscheiden. Wir können die Analogie vom Annehmen eines Balls verwenden. Der eigentliche Akt des Annehmens ist relativ einfach, ebenso wie das Passen oder Dribbeln. Es kommt jedoch darauf an, mit der richtigen Körperhaltung an die richtige Stelle zu gelangen, um die Annahme einfach zu machen. Das Gleiche gilt auch für Fußball.

Mit dem Fuß kontrollieren

Fußinnenseite

Die sicherste und gebräuchlichste Art, den Ball zu kontrollieren, ist die Innenseite des Fußes. Dies ist die grundlegende Kontrollfähigkeit, die zuerst erlernt werden sollte. Der Ball trifft die Innenseite des Fußes und die Berührung sollte den Ball nach dem Kontakt etwa 20 bis 30 cm vor dem Spieler bewegen (es sei denn, es entsteht ein erheblicher Druck, der zu einem Tackling führt). Diese Bewegung erfolgt leicht diagonal nach hinten, wenn der Empfänger Zeit am Ball haben möchte, bevor er entscheidet, was als nächstes zu tun ist, da der Spieler dann seinen Körper zwischen den Ball und einen Gegner bringen kann, was ihm Zeit gibt, eine Entscheidung zu treffen.

Es gibt eine Reihe wichtiger Techniken, die sich junge Spieler aneignen müssen.

- Sofern sie nicht die konkrete Entscheidung getroffen haben, auf den Ball zu warten, bewegen sie sich auf ihn zu.
- Sie achten darauf, dass ihre Brust in einer Linie mit der Ankunft des Balls ist.
- Der Kopf bewegt sich leicht nach vorne, um sicherzustellen, dass das Gewicht über dem Ball liegt. Dadurch wird verhindert, dass er hochspringt und die Kontrolle verloren geht.
- Ellbogen und Arme sollten ausgestreckt sein, um ein optimales Gleichgewicht zu gewährleisten. Dies ist sehr wichtig für kleine Kinder, bei denen das natürliche Gleichgewicht noch nicht erreicht ist.
- Der aufgesetzte Fuß (der andere, der den Ball abfängt) sollte in Richtung des Balls zeigen und etwas weiter von ihm entfernt sein. Der Fangfuß steht im rechten Winkel zum Standfuß.
- Das Knie des Fangbeins ist leicht nach vorne gebeugt, um sicherzustellen, dass das Gewicht wieder über Ball liegt.
- Wenn der Ball auf den Fangfuß trifft, senkt sich dieser leicht zurück, um den Ball abzufedern. Je weiter er sich senkt, desto dichter am Körper stoppt der Ball. Wenn er sich jedoch zu weit senkt, bleibt der Ball unter dem Körper des Spielers stecken und er muss ihn herausheben, um den Ball spielen zu können. Am besten endet der erste Ballkontakt damit, dass der Ball leicht vom Körper entfernt bleibt, sodass der Körper ihn vor jedem Gegner schützt.

Kontrollübung – Grundlegende Kontrolle; Fußinnenseite

Diese Grundfertigkeit kann auch von älteren und erfahreneren Spielern wiederholt werden. Sie ist das Kernelement, um den Ballbesitz zu halten, und eine wesentliche Fähigkeit eines Spielers.

Die besondere Übung, die wir hier hervorheben, ist für fortgeschrittenere Spieler. Es handelt sich um ein 6-gegen-2-Spiel in einem Strafraum oder einem 20 x 10 m großen Raster. Der Mittelkreis auf einem Spielfeld voller Größe funktioniert ebenfalls.

Die beiden Spieler tragen Bänder, um einen schnellen Rollenwechsel zu ermöglichen. Es handelt sich um ein Ballbesitzspiel mit zwei Ballkontakten. Die Spieler erhalten den Ball und werfen gleichzeitig einen prüfenden Blick darauf, wie der Gegner positioniert ist. Sie müssen den Ball mit dem Innenfuß kontrollieren und ihn mit dem zweiten Ballkontakt weitergeben.

Wenn der Gegner die Kontrolle über den Ball erlangt oder dieser den markierten Bereich verlässt, tauschen die beiden Verteidigungsspieler mit den letzten beiden Angreifern, die den Ball berührt haben.

Die Übung kann einfach mit einer 4-gegen-1-Übung beginnen; oder es können drei statt zwei Ballkontakte erlaubt sein. In Spielsituationen möchten die Spieler den Ball jedoch schnell bewegen, weshalb die Anzahl der Ballkontakte begrenzt ist.

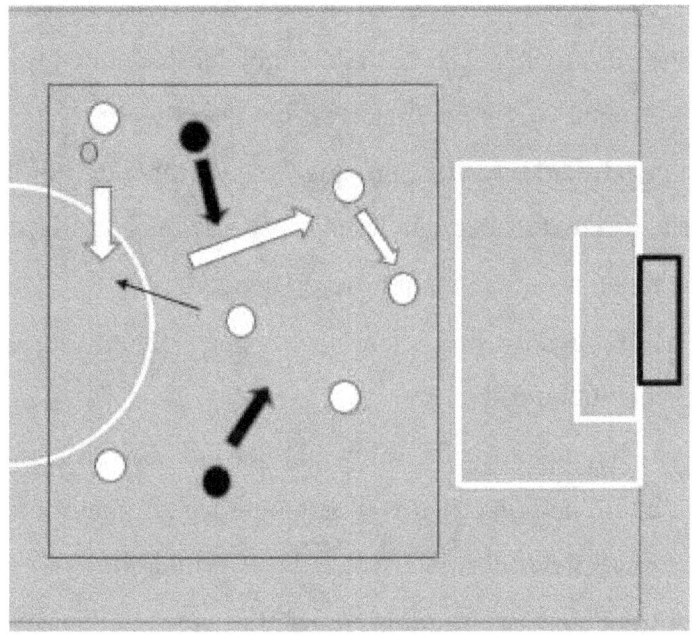

Fußaußenseite

Diese Fähigkeit ist viel schwieriger zu erlernen und wird dazu verwendet, die Möglichkeit eines Spielers sich schnell zu drehen, zu verbessern, damit er entweder etwas Platz von einer engen Markierung gewinnt oder den Ball weiterhin schnell in die Richtung bringen kann, in die er sich bewegt.

Die wichtigsten Fähigkeiten zum Üben sind folgende:

- Sich zum Ball hinbewegen.

- Die Schulter auf der empfangenden Seite zeigt in die Richtung, aus der der Ball kommt.
- Arme ausstrecken, um das Gleichgewicht zu halten und den Ball zu schützen (wenn ein Gegner dicht deckt).
- Sich nach vorne lehnen, um das Gewicht über den Ball zu verlagern und sicherzustellen, dass dieser auf dem Boden bleibt.
- Das Knie des abfangenden Beins beugen.
- Den abfangenden Fuß leicht nach innen richten, sodass der Ball ihn von außen trifft.
- Wenn der Ball auftrifft, schwenkt der Fuß die Hüfte, um sich schnell drehen und zum Ball gelangen zu können. Beachten Sie, dass ein Spieler normalerweise die Vierteldrehung in der Richtung ausführt, in die sich der Ball bewegt, aber manchmal, wenn er eng gestellt ist, dreht er sich möglicherweise in die andere Richtung, um einen Gegner zu umgehen und ihn hinsichtlich der Richtung, in die sich der Ball bewegt, auszutricksen.

Kontrollübung – Drehen mit der Fußaußenseite

Nutzen Sie die in der oben aufgeführten Liste der Techniken genannten Schlüsselkompetenzen. Diese Übung verwendet eine Halbopposition. Das Ziel des Stürmers ist es, sich vom Verteidiger wegzudrehen, einen Ballkontakt herzustellen und zu schießen.

An der Übung sind zwei Stürmer beteiligt – einer zum Passen, einer zum Schießen und ein Verteidiger. Es gibt auch einen Torwart. Die Spieler wechseln ihre Rollen.

Der Verteidiger sollte damit beginnen, allen Stürmern nur begrenzten Widerstand zu bieten, damit sie ihre Fähigkeiten trainieren können. In einer Spielsituation wüsste die Verteidigung natürlich nicht genau, dass ihr Stürmer sich umdrehen wollte, und würde ihre Verteidigung entsprechend anpassen.

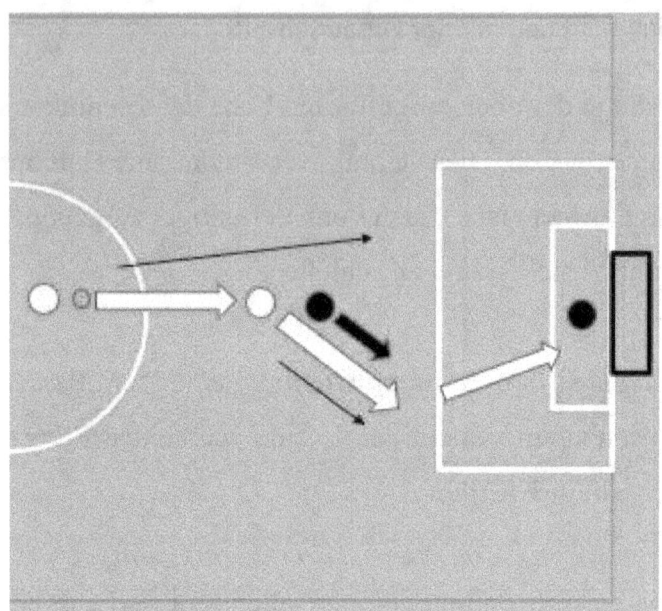

Kontrolle mit dem Oberschenkel

Wir möchten, dass junge Spieler eine Herangehensweise an das Spiel entwickeln, die den Ball weiterlaufen lassen. Dies erleichtert die Kontrolle erheblich und erleichtert somit auch den Abschluss der nächsten Phase einer Entwicklung. Spieler sind effektiver, wenn das Fußballspiel einfach gespielt wird.

Es kann jedoch vorkommen, dass der Ball beispielsweise bei einem langen Pass, einem Kopfball oder einem Einwurf kontrolliert werden muss, bevor er den Boden berührt.

Die wichtigsten Fähigkeiten zur Oberschenkelkontrolle sind unten aufgeführt und können Kindern durch die folgende Übung, die 6-er Reihe, beigebracht werden.

- Halten Sie das Knie tief – es ist für Kinder, vor allem jüngere Kinder, denen es an Koordination mangelt, verlockend, ihre Oberschenkel hochzuheben. Das ist der Teil des Körpers, den sie benutzen, und sobald sich ihr Geist darauf konzentriert, wird der Oberschenkel der einzige Teil ihrer Positionierung, den sie berücksichtigen. Wenn das Knie zu hoch gezogen wird (es sollte unterhalb der Horizontalen abgewinkelt sein), springt der Ball nach oben, wodurch die Kontrollgeschwindigkeit verlangsamt wird und dem Gegner die Möglichkeit zum Abfangen gegeben wird. Außerdem ist es schwieriger, das Gleichgewicht aufrechtzuerhalten. Das Kind könnte einfach umfallen. Amüsant im Training, frustrierend in einem Match. (Aber trotzdem, solange es ihnen gut geht und sie es selbst witzig finden, ist es lustig!)
- Die Augen sollten den Ball genau beobachten.
- Das Knie ist so ausgerichtet, dass der Ball den Oberschenkel in der Mitte trifft. Auf diese Weise fällt er auf die Füße, und je früher dies geschieht, desto schneller ist es möglich, die Bewegung voranzutreiben.

- Wenn der Spieler unter Druck steht, und insbesondere bei Einwürfen, sollte er darauf achten, den fallenden Ball, wenn er vom Oberschenkel herunterkommt, seitlich mit dem Fuß zu schlagen. Der Pass sollte in die Richtung zurückgeführt werden, aus der er gekommen ist. Zum Beispiel zurück zu dem Spieler, der den ursprünglichen Wurf ausgeführt hat.

Kontrollübung - Oberschenkelkontrolle

Eine einfache Übung, die genau das übt, was verbessert werden soll. Eine ganze Gruppe von Spielern kann gleichzeitig an dieser Übung arbeiten. Teilen Sie die Gruppe in Paare auf. Einer der beiden Spieler (der Zubringer) nutzt die Seitenlinien als Markierung. Der Partner (der Empfänger) steht 10 Meter weiter hinten und nutzt einen Kegel als Orientierung für seinen Startpunkt.

Der Zubringer geht auf die Knie und wirft den Ball seinem Partner zu. Der Empfänger rückt ein paar Meter vor, kontrolliert den Ball mit der oben beschriebenen Technik auf seinem Oberschenkel und legt ihn mit einem Pass zurück zum Zubringer. Der Empfänger joggt dann zurück zu seinem Kegel und bereitet sich darauf vor, den Ball auf seinem anderen Oberschenkel anzunehmen. Die Übung geht genauso weiter. Arbeiten Sie eine Minute lang mit jedem Spieler, bevor Sie die Rollen tauschen.

Mit der Brust kontrollieren

Je weiter wir uns körperlich nach oben bewegen, desto schwieriger wird die Kontrolle. Normalerweise besteht das Ziel bei der Brustkontrolle darin, den Ball so schnell wie möglich zu den Füßen zu bringen und ihn schnell abzulegen. Es ist eine wesentliche Fähigkeit für Stürmer und Defensivspieler, die den Ball abfangen und nach vorne bewegen möchten.

Schlüsselfertigkeiten

- Den Ball die ganze Zeit beobachten, wobei der Kopf in einer Linie mit dem Ball ist. Dadurch werden die Füße automatisch in Position gebracht.
- Die Arme weit ausbreiten, um das Gleichgewicht zu halten und den Brustbereich so groß wie möglich zu machen.
- Die Brust leicht nach oben neigen.
- Die Arme ausgestreckt halten, bis der Ball heruntergefallen ist, da die Spieler oft unter Druck stehen, wenn sie den Ball mit der Brust treffen.
- Den Ball schnell zu den Füßen bringen, um die Bewegung fortzusetzen.

Kontrollübung - Brustkontrolle

Eine gute Übung zur Brustkontrolle besteht darin, einfach die Übung 6-er Reihe durchzuführen und den Zubringer den Ball aus dem Stand werfen zu lassen. Die folgende Übung geht jedoch etwas weiter auf die Brustkontrolle ein.

Der Ball wird von Spieler eins eingeworfen. Spieler zwei kontrolliert den Ball mit der Brust und gibt ihn entweder zu der Person weiter, die den Einwurf ausgeführt hat, oder zu einem Mitspieler. Es wird mäßiger Widerstand geleistet.

***Top Tipp**: Sagen Sie den Spielern, die den Ball abwerfen, dass sie auf den Kopf zielen sollen, der Ball wird dann sauber auf Brusthöhe fallen*

Der Ball wird kontrolliert über die gesamte Spielfeldbreite gespielt und der Vorgang beginnt von der anderen Seite. An der Übung sind fünf Offensiv- und zwei Defensivspieler beteiligt.
Um ein Wettbewerbselement hinzuzufügen, versucht die Mannschaft, zehn Spielzüge zu absolvieren, ohne die Kontrolle über den Ball zu verlieren oder den Ball zu kassieren. Trainer sollten zunächst eine gute Technik und Bewegung ihrer Spieler anstreben, dann die Herausforderung beschleunigen und vielleicht ein Zeitelement hinzufügen, um mehr Druck auf die angreifende Seite auszuüben.

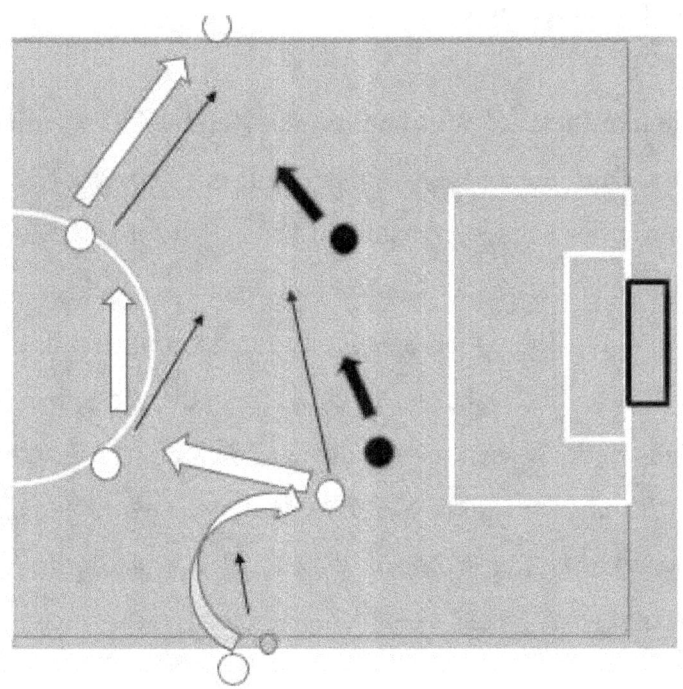

Mit dem Kopf kontrollieren

Über Kopfballbälle gibt es derzeit viel Diskussionsstoff. Der ehemalige englische Stürmer und beste Torschütze der Premier League, Alan Shearer, nahm kürzlich an einer Fernsehdokumentation teil, in der er die Auswirkungen des Kopfballs auf das Gehirn untersuchte. Die Ergebnisse waren selbst für einen ausgewachsenen Erwachsenen erschreckend. Der erschütternde Effekt selbst sanfter, wiederholter Kopfbälle war beträchtlich. Shearer fühlte sich ziemlich schnell mäßig müde und konnte einfache kognitive Aufgaben weniger schnell und mit verringerter Genauigkeit ausführen.

Obwohl die unmittelbare Wirkung mit der Zeit nachließ, kam man zu dem Schluss, dass jedes Mal, wenn der Ball mit dem Kopf gespielt wird, geringfügige Schäden entstehen. Daher wird im Weltfußball darüber nachgedacht, ob das Kopfballspiel ganz aus dem Jugendspiel verbannt werden sollte. Doch bis eine Entscheidung so fällt oder nicht, ist das Teil des Spiels. Daher ist es eine Fähigkeit, die Spieler erlernen müssen. Es ist jedoch wichtig zu beachten, dass es *sowohl für das Teamplay als auch für die Gesundheit der Spieler von Vorteil ist, den Ball am Boden zu halten, wodurch die Gefahr eines Kopfballspiels ausgeschlossen wird.*

Es gibt vier Zwecke, den Ball zu köpfen:

Mit einem defensiven Kopfball an Höhe und Distanz gewinnen;
Den Ball einem Mitspieler zuzuspielen;
Den Kopfball als direkten Torschuss zu nutzen;
Um einen hohen Ball zu kontrollieren.

Die jeweilige Technik ist äußerst wichtig (aus Sicherheitsgründen – das richtige Kopfballspiel eliminiert nicht die Folgen einer Gehirnerschütterung, scheint sie aber erheblich zu reduzieren), variiert jedoch. Wir sehen uns hier das letzte Beispiel an, bei dem es darum geht, den Ball zu kontrollieren.

Beachten Sie, dass dies der letzte Ausweg sein sollte. Wenn der Ball durchläuft, sollte dies die Option sein, die ein Spieler wählt. Dies führt jedoch manchmal dazu, dass der Ballbesitz verloren geht.

Bei jeder der beiden folgenden Arten der Kontrolle mit dem Kopf sollten die Arme ausgestreckt sein, um das Gleichgewicht zu halten, die Kopf- und Nackenmuskulatur angespannt werden, die Augen so lange wie möglich auf den Ball gerichtet und offen gehalten werden und der Ball sollte mit der Mitte der Stirn getroffen werden (in diesem Fall niemals die Oberseite des Kopfes).

Auf dem Weg zu einem Ball: Wenn ein hoher Ball aus einem beträchtlichen Raum kommend, einem Spieler zugespielt wird, entscheidet dieser sich dazu, den Ball nach vorne zu köpfen, während er auf ihn zuläuft. Hierbei neigt sich der Kopf nach vorne und leicht nach unten, um den Ball nach vorne und unten zu befördern. Der Spieler läuft weiter zu der Stelle, an der er den Ball geköpft hat.

Auf dem Weg zur Kontrolle: Ziel ist es, dem Ball das Tempo zu nehmen, ähnlich wie bei der Brustkontrolle. Es ist eine schwierige Fähigkeit, und wenn möglich sollte der Spieler versuchen, den Ball einem Mitspieler zuzuköpfen. Allerdings ist das nicht immer möglich. Der Ball wird mit der Brust empfangen. Der Spieler neigt seinen Kopf beim Aufprall leicht nach hinten und lässt ihn dann nach hinten fallen, um den Ball abzufedern. Der Ball springt dann leicht nach oben und nach unten zu den Füßen, wo er kontrolliert wird.

Der Spieler hält die Arme ständig ausgestreckt, um ein größeres Gleichgewicht zu halten und den Ball zu schützen. Es kommt häufig vor, dass die Kontrolle vom Kopf auf die Brust oder den Oberschenkel übergeht, bevor der Ball den Boden berührt, wobei jedes Manöver dem Ball mehr Tempo nimmt und die Fußkontrolle erleichtert.

Kontrollübung - Kopfball

Wenn die Entscheidung darin besteht, Kopfballfähigkeiten mit Kindern zu erlernen, kann argumentiert werden, dass es sicherer ist, die Technik zu erlernen, als den Ball unter dem Druck eines Spiels falsch zu köpfen. Die Übungen sollten kurz sein, nicht mehr als fünf Kopfbälle pro Übung. und nur eine Übung pro Sitzung.

Arbeiten Sie zu zweit; einer ist Zubringer, einer köpft den Ball. Entscheiden Sie, welches Kontrollelement verwendet werden soll. Wenn der Ball weiterlaufen soll, wird er leicht vor den Spieler geworfen, zur persönlichen Kontrolle direkt auf ihn zu.

Lassen Sie den Zubringer niederknien und werfen Sie den Ball sanft. Bei jüngeren Kindern im Alter von 10 bis 11 Jahren sollten trockene Schwammbälle oder sogar Luftballons verwendet werden, bis die Technik erlernt ist.

ANMERKUNG: *Zum Zeitpunkt des Verfassens dieses Artikels ist das Kopfballtraining im Fußball für unter 10-Jährige verboten und nur im Training für Kinder im Alter von 11 bis 13 Jahren erlaubt.*

Zweiter Ballkontakt

Wir wollen uns hier nicht zu lange aufhalten, außer zu sagen: Je besser der erste Ballkontakt eines Spielers ist, desto einfacher wird der zweite Ballkontakt. Beim zweiten Ballkontakt geht es um die Entscheidungsfindung, ob man passt oder dribbelt, schützt oder angreift. Je weiter die Spieler vorankommen, desto schneller treffen sie diese Entscheidungen, die sie getroffen haben müssen, bevor der Ball sie zum ersten Mal berührt.

Dies führt uns direkt zur zweiten Stufe der Kompetenzentwicklung bei Jugendlichen. Sobald sie den Ball unter Kontrolle haben, ist meist ein Passen die beste Option – im nächsten Kapitel werden wir uns mit Möglichkeiten befassen, wie sie das lernen können.

Passfähigkeiten

Besuchen Sie You Tube und suchen Sie nach Clips der großartigen Passgeber eines Spiels. Spieler wie Xavi, das spanische Leitschiff seines Faches mit dem Hauch eines Pianisten; Andrea Pirlo, der ein Spiel aus der Tiefe kontrollieren, das Spiel diktieren und Chancen schaffen konnte.

Noch besser: Zeigen Sie diese großartigen Spieler Ihren eigenen Kindern oder denen in Ihrem Team in Aktion. Natürlich lässt der donnernde Angriff das Herz mit urzeitlicher Leidenschaft höherschlagen; der Curling-Schuss bringt eine Menge auf die Beine; das einmalige Dribbeln weckt die Emotionen mit immer größerer Intensität. Das sind die Spektakel des Spiels. Aber wenn das alles wäre, was den Menschen wichtig wäre, gäbe es nie große Romane; Filme gäbe es nur im Hoch-Aktion-Marvel-Comic-Stil; es gäbe keine Poesie und auch kein großes Drama. Kunstgalerien würden schließen, anstatt Warteschlangen zu bilden, um die Meisterwerke zu sehen. Michelangelo hätte statt emotional bewegender Skulpturen Häuser gebaut.

Okay, vielleicht übertreiben wir es hier etwas. Aber der Punkt, den wir ansprechen wollen, ist wichtig. Passen ist der kulturelle Aspekt des Spiels; das zerebrale Element, das auf höchster Ebene alle anderen übertrifft. Aber Kinder mögen Aktion, sie mögen tosenden Applaus und Ruhm. Ihnen klarzumachen, dass das Passen der Herzschlag des Fußballs ist, kann sich als Herausforderung erweisen.

Stellen Sie sich eine Gruppe von Siebenjährigen vor, die das Spiel spielen. Der Ball ist selten sichtbar und verschwindet im Sumpf der Körper, die ihn verfolgen. Gelegentlich findet das Kind mit einer Perspektive auf den Stand der Dinge Platz und fordert den Pass. Die Wahrscheinlichkeit, dass ein Teamkamerad den Pass erkennen kann, ist gering. Stattdessen sind die verbliebenen Spieler beider Seiten auf der Jagd... aber ohne groß darüber nachzudenken.

Daher ist es eine Herausforderung, bei der Arbeit mit Kindern die Fertigkeit des Passens zu vermitteln. Dennoch wird der kompetente und geduldige Trainer Erfolg haben. Der erste Schritt, um Kinder zum Passen zu bewegen, besteht darin, deren Wert ständig zu stärken. Aber nicht in einer Weise, die den Grundinstinkt von Kindern, mit dem Ball zu laufen, kritisieren würde. Der Trainer unterbricht das Spiel, um den Pass hervorzuheben. Er oder sie überschüttet den Spieler, der Platz findet, mit Lob. Der Trainer lobt das Kind, das einen Pass versucht, überschwänglich, ob dieser nun erfolgreich war oder nicht.

Es werden Spiele gespielt, bei denen Dribbeln verboten ist. Und erst mit der Zeit beginnen junge Spielergruppen, die Kraft des Passes zu nutzen. Das ist der Punkt, an dem man sich auf die Verbesserung der Fähigkeiten konzentrieren kann, die mit den verschiedenen Arten von Pässen verbunden sind und die das Spiel voranbringen.

Spiele zur Förderung einer Passkultur

Kleine Kinder lieben den spielerischen Aspekt einer Trainingseinheit. Eigentlich gilt das auch für ältere Kinder, Jugendliche, Erwachsene und Profispieler. Zugegebenermaßen entwickeln die Spieler mit zunehmendem Aufstieg auf der Fußballleiter ein größeres Verständnis für die Bedeutung der Fähigkeitsentwicklung, des Teamplays sowie der körperlichen Fitness und Ausdauer. Aber seien wir ehrlich, es ist das Spiel, das den Höhepunkt der Zusammenstellung darstellt.

Denn wenn wir keinen Spaß am Wettbewerb hätten, würden wir keinen Sport treiben. Vor diesem Hintergrund ist es eine gute Idee, Spiele zu nutzen, um die Fähigkeiten zu entwickeln, die wir verbessern wollen.

Passübung: Passspiel 3 gegen 3 mit Minitoren

Dies ist ein großartiger Ausgangspunkt für ein Spiel. Es kann mit drei Spielern pro Seite oder bis zu sieben Spielern pro Seite gespielt werden. Übungen im Rondo-Stil, die die gleichen Prinzipien verwenden, können später hinzugefügt werden. Hier wird eine Seite mit Spielern gewichtet, und diese Mannschaft muss dann Wege finden, um Möglichkeiten und Chancen zu schaffen.

Unsere Grundübung arbeitet jedoch mit einem 10 x 20 Meter großen Raster. Die Tore stehen fünf Meter von beiden Enden entfernt. Die Tore sind einfach Kegel im Abstand von einem Meter. „Tore" können vor oder hinter dem Tor erzielt werden. Taktisch orientierte Spieler könnten zu dem Schluss kommen, dass das Platzieren eines Spielers zwischen den Pfosten jede Hoffnung auf einen Treffer zunichtemacht, was dem Ziel einer Übung, die darauf abzielt, das Passspiel zu entwickeln, eher zuwiderläuft.

Daher kann es notwendig sein, einige Regeln einzuführen, beispielsweise eine Sperrzone um die Tore herum; eine andere Technik besteht darin, einen Punkt für einen Schuss und drei für ein Tor zu vergeben. Auch wenn es keine Tore gibt, ist das Spiel eigentlich ein 2-gegen-3-Spiel, und die drei Spieler können eher gewinnen, weil es für sie einfacher ist, den Ball zu behalten.

Das Spiel ist einfach. Beginnen Sie mit vier Ballkontakten und reduzieren Sie diese dann schrittweise auf einen Kontakt, wenn die Spieler älter werden und sich verbessern. Erlauben Sie kein Tackling oder Dribbling. Deshalb muss ein Spieler, sobald er den Ball unter Kontrolle hat, auch beim Vier-Touch-Spiel passen. Konzentrieren Sie sich auf das, was mit der Übung erreicht werden soll – Passen als erste Wahl – und nicht auf die Feinheiten der Spielregeln. Kleineren Kindern fällt es oft schwer, aus ihrer Dribbelhaltung herauszukommen, und zwangsläufig schleichen sich mehr Kontakte ein, als erlaubt sind.

***Top Tipp**: Bei der Arbeit mit Kindern ist es von entscheidender Bedeutung, das Ziel der Übung im Vordergrund zu behalten. Jugendliche machen beim Aufbau einer Übung Fehler, das spielt keine Rolle, solange die Schlüsselkompetenz geübt wird.*

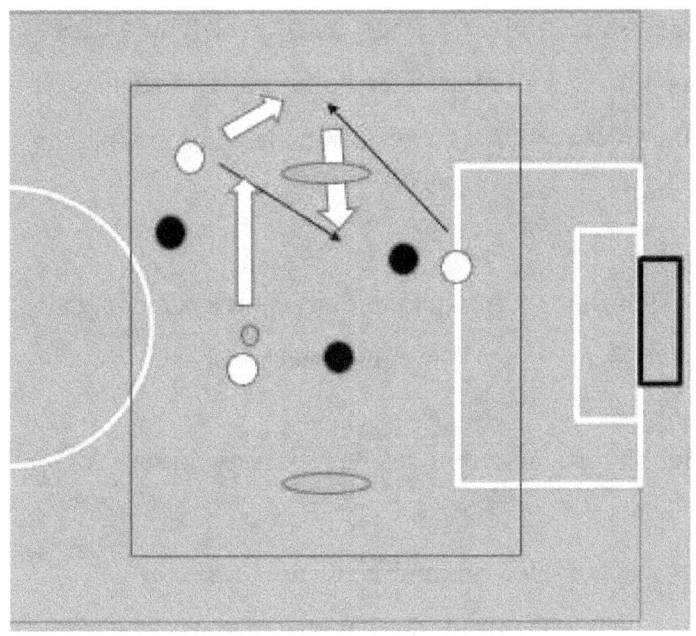

Kurzpass

Die allerbesten Teams nutzen Kurzpässe mit großer Wirkung. Denken Sie an das Jahrzehnt der Dominanz der spanischen Nationalmannschaft und ihrer Vereinsmannschaften, insbesondere Barcelona. Ihr Erfolg beruhte auf einem kurzen Passspiel, bekannt als Tiki Taka.

Der Vorteil von kurzen Pässen besteht darin, dass es einfacher ist, präzise zu spielen, und da der Ball zwangsläufig auf dem Boden liegt, ist auch die Kontrolle für den angreifenden Spieler einfacher.

Allerdings ist Schnelligkeit gefragt, und das bedeutet, dass der erste Ballkontakt präzise sein muss. Der Ball muss fest zugespielt werden und es sollten nicht mehr als zwei Kontakte erfolgen, bis der Ball erneut zugespielt wird.

Die besten Spieler entwickeln die Technik, One-Touch-Passspiele zu nutzen, um Tempo und Bewegung zu erzeugen.

Die Schlüsselfähigkeiten des Kurzpassspiels sind folgende:

- Den Spann benutzen.
- Den Ball fest durchschlagen
- Den Kopf über dem Ball halten, um sicherzustellen, dass dieser tief bleibt.
- Der nicht tretende Fuß steht fest auf dem Boden und die Arme sind ausgestreckt, um das Gleichgewicht zu halten
- Sobald der Pass beendet ist, bewegen sich die Spieler schnell, um eine Position für einen Rückpass einzunehmen.

Passübung: Kurzes Passspiel ohne Druck

Dies ist eine ausgezeichnete Übung, die schwungvoll ist und alle Spieler einbezieht.

An der Übung sind fünf Spieler beteiligt und sie findet auf einem quadratischen Raster von 10 m statt. Ein Spieler besetzt jede Seite und der fünfte Spieler hält die Mitte. Es sind maximal zwei Ballkontakte erlaubt, und das Passen eines Kontaktes sollte gefördert werden.

Der Ball wird zum zentralen Spieler gespielt, der ihn kontrolliert und an einen anderen Spieler weitergibt. Dieser Spieler passt zurück zum zentralen Spieler und so weiter. Jedes Mal, wenn ein Spieler passt, muss er sich bewegen – die Außenspieler entlang ihrer Linie und den Mittelspieler in eine Position, in der sie den Pass annehmen und sich schnell umdrehen können, um den nächsten Ball zu spielen.

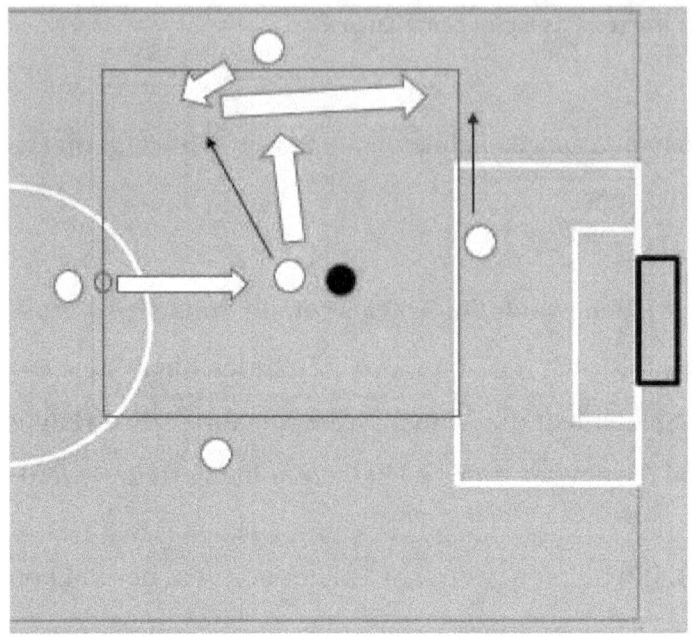

Die Übung lässt sich leicht entwickeln. Ein Gegner wird hinzugefügt, um dem zentralen Spieler eine Halbopposition zu bieten. Der zentrale Spieler muss nicht jeden Pass erhalten. Der Trainer fördert Ballkontakt, Passtechnik, Schnelligkeit, Bewegung und Kommunikation.

Letzteres ist sehr wichtig. Bei Kurzpässen müssen die Spieler auf einer Wellenlänge sein; das entwickelt sich durch verbale und körperliche Kommunikation. Rufen Sie zum Beispiel nach dem Ball und zeigen Sie mit den Händen an, wo ein Pass gespielt werden muss.

Passübung: Kurzes Pass-Rondo

Beim Aufbau seines Kurzpassspiels entwickelte Barcelonas Trainer Pep Guardiola das Rondo – eine Übung mit unebenen Seiten. Der große Vorteil des Rondos besteht darin, dass es etwas Widerstand und damit Druck erzeugt. Das macht die Übung viel näher am wirklichen Leben. Der Gegner ist jedoch eingeschränkt und die dominierende Seite sollte ausreichend Gelegenheit erhalten, die jeweilige Fähigkeit zu üben.

Es wird also eine Art Spielsituation verwendet, aber nicht die Art von Matchplay, bei dem die betreffende Fähigkeit innerhalb der Dynamik verloren geht, die entsteht, wenn die Mannschaften in einer Wettbewerbssituation aufeinander abgestimmt sind.

Das folgende Rondo kann an die Bedürfnisse und Fähigkeiten eines Teams angepasst werden. Sicherlich können talentierte Kinder unter 8 Jahren und älter diese Art von Übung nutzen.

Ziel ist es, den Ballbesitz zu halten. Es wird ein kleines Raster verwendet; die Größe des Rasters hängt in gewissem Maße vom Alter und Können der Spieler ab. Beispielsweise könnte eine gute U12-

Mannschaft ein 10 x 5 Meter großes Raster verwenden, während eine U9-Mannschaft ein 10 x 10 m großes Raster verwenden könnte.

An der Übung sind sechs Spieler beteiligt. Verwenden Sie zwei farbige Startnummern, um den Gegner zu identifizieren. Dadurch ist ein schneller Rollenwechsel möglich, die Übung bleibt am Laufen und das Interesse des Spielers bleibt erhalten. Es gibt keine Tore und das Ziel besteht darin, den Ball zu behalten. Durch ein oder zwei kurze Pässe bleibt eine gute Kommunikation und Bewegungsfreiheit erhalten. Jedes Mal, wenn der Ball verloren geht oder das Spielfeld verlässt, tauscht die letzte Person, die ihn spielt, die Rolle mit einem der Verteidiger und das Spiel geht weiter.

***Top Tipp**: Bei der Arbeit mit Kindern ist es von entscheidender Bedeutung, das Ziel der Übung im Vordergrund zu behalten. Jugendliche machen beim Aufbau einer Übung Fehler, das spielt keine Rolle, solange die Schlüsselkompetenz geübt wird.*

Mittelfeldpass – Innenspann und Außenspann

Innenspann

Einige junge Spieler scheinen mit Passfähigkeiten gesegnet zu sein. Sie „sehen" nicht nur den Pass, sondern verfügen auch über die angeborene Technik, den Ball zu spielen. Allerdings muss für die meisten Passfähigkeiten an den Fertigkeiten gearbeitet werden.

Trainer sollten sich auf die Technik konzentrieren. Im Folgenden sind die Schlüsselelemente aufgeführt, um einen Pass auf mittlere Distanz zu erzielen – einen Pass über mehr als 10 bis 15 Meter.

- Kopf nach oben: Wenn Spieler den Kopf gesenkt halten, können sie den Pass, den sie machen möchten, nicht sehen.
- Körperhaltung: Beim Pass sollten die Arme ausgestreckt sein, um das Gleichgewicht zu halten, und der nicht tretende Fuß sollte fest auf dem Boden stehen.
- Schlagen Sie den Ball fest mit dem Spann und ziehen Sie ihn glatt durch.

- Der Ball krümmt sich leicht nach innen, wenn er an Tempo verliert, und dies sollte in der Passrichtung berücksichtigt warden.

Top Tipp: *Ermutigen Sie die Spieler bereits in jungen Jahren, den Kopf zu heben und sich umzusehen. Einer der (vielen) Gründe dafür, dass junge Spieler nur ungern passen, liegt darin, dass sie ihre Augen auf den Ball und nicht auf das Spiel um sie herum konzentrieren. Während ihnen der Ball zugespielt wird, sollten sie ihren nächsten Spielzug abwägen.*

Außenspann

Dies ist ein großartiger Pass, um den Ball aus einer zentralen Position in einen weiten Angriffsbereich des Spielfelds zu befördern. Es handelt sich um einen riskanteren Pass als mit den Innenspann, sollte aber zum Standard jedes Spielers gehören.

Ein Außenspann-Pass sorgt für mehr Ausweichmanöver und eignet sich daher hervorragend, um den Ball in den Raum hinter einer engen Verteidigung zu bringen.

- Der Ablauf ist derselbe wie beim Spannpass, bis es zum Schlagen des Balls kommt.
- Der Ball wird mit der Außenseite des Fußes geschlagen, wobei der Kontakt direkt hinter dem kleinen Zeh erfolgt. Dadurch wird eine Drehung erzeugt, dessen Wirkung dann zum Tragen kommt, wenn der Ball langsamer wird.
- Der Trittfuß läuft in einer geraden Linie weiter, während der Ball schräg abfliegt. Der Pass sollte gerade gerichtet sein, wenn er für einen laufenden Spieler nach außen ausweichen soll.
- Im Allgemeinen muss bei einem Schlag mit der Außenseite des Fußes mehr Kraft ausgeübt warden als bei einem Schlag mit der Innenseite. Dies liegt daran, dass der direkte Kontakt zwischen Fuß und Ball geringer ist.

Ein gutes Aufwärmtraining besteht darin, zwei oder drei Spieler in einem Abstand von etwa 10 bis 20 Metern aufzustellen, je nach Alter der Kinder. Sie üben das Schlagen des Balls mit der Innen- und Außenseite des Fußes, lernen Tempo und Richtung kennen und üben auch die Ballkontrolle. Halten Sie diese Art des Aufwärmens entspannt, aber aktiv. Ermutigen Sie die Spieler, sowohl mit ihrem schwächeren als auch mit ihrem stärkeren Fuß zu passen. Ein zweifüßiger Spieler ist weitaus effektiver und vielseitiger als einer, der sich zu sehr auf den einen oder anderen Fuß verlässt.

Passübung: Der Hinterpass – innerhalb und außerhalb des Fußes

Dies ist eine ziemlich komplexe Übung. Sie ist jedoch aus vielen Gründen gut. Sie bietet Möglichkeiten zum Passen mit der Innen- und Außenseite des Fußes. Sie ist rasant. Sie endet mit einem Schuss, etwas das den Kindern Spaß macht.

An der Übung sind zwei Spieler und ein Torwart beteiligt, am besten funktioniert sie jedoch mit einem zweiten Torwart und zwischen 8 und 12 Spielern. Diese agieren als Passgeber und Flügelspieler und arbeiten paarweise. Nach jeder Übung tauschen die Torwarte den Fußball aus und geben ihn zurück, sodass das wartende Paar immer einen Ball zur Verfügung hat.

Ideal ist ein halber Siebener pro Seite. Vier über die Breite des Geländes verteilte Kegel, die etwa 5 Meter davorliegen, stellen eine Verteidigungslinie dar. Spieler eins dribbelt von der Mittellinie bis zum Rand des Mittelkreises. Der Trainer weist ihn an, sich darauf zu konzentrieren, den Kopf oben zu halten. Er passt zwischen dem Innenverteidiger-Kegel und dem Außenverteidiger-Kegel. Die Pässe sollten sowohl mit der Innen- als auch mit der Außenseite des Fußes erfolgen. Spieler zwei ist außerhalb der Außenlinie weiter gesprintet und auf den Pass gelaufen. Spieler eins setzt seinen Lauf bis zum Rand des Strafraums fort. Spieler zwei führt einen Pass mit der Innenseite des Fußes aus, und Spieler eins läuft weiter, um direkt beim ersten Mal oder nach einer Ballberührung zu schießen.

Die Spieler kehren in ihre Ausgangspositionen zurück und sind bereit, wieder loszulegen, aber dieses Mal beginnt Spieler zwei mit dem Ball und Spieler eins läuft über den Flügel.

Nach einer Weile sollte der gegenüberliegende Flügel angegriffen werden, damit sich die Spieler daran gewöhnen, beide Füße zu benutzen.

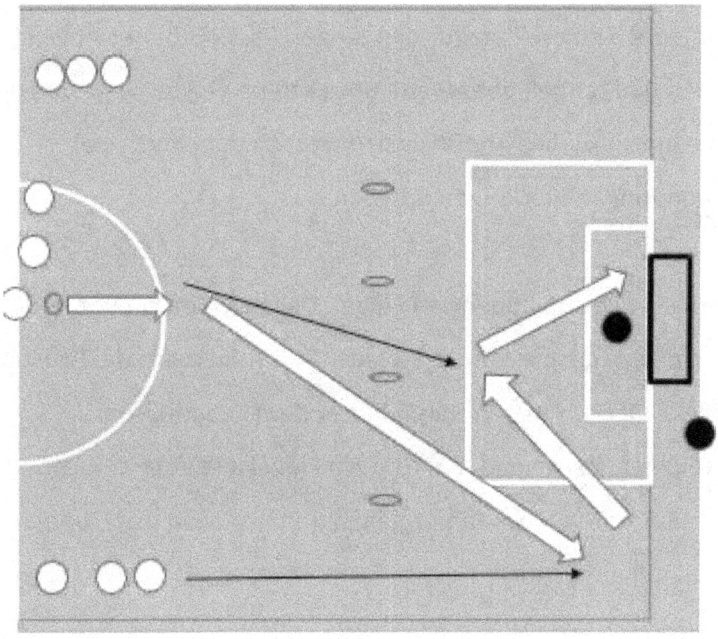

Langer, angehobener Pass

Fußball ist eine Sportart, die am besten auf dem Boden gespielt wird. Ziel ist es, ein Tor zu erzielen; ohne Ballbesitz geht das nicht, und der Ball lässt sich am besten halten, wenn er am Boden liegt. Sobald der Ball den Boden verlässt, ist die Genauigkeit beeinträchtigt, der Pass muss per Definition lang sein und das macht es schwieriger, Genauigkeit zu erreichen. Wenn der Pass präzise ist, ist es schwieriger, ihn zu kontrollieren, als wenn der Ball am Boden angenommen wurde.

Es gibt jedoch einen Platz für den langen Pass. Es bietet Abwechslung und kann den Ball schnell über weite Strecken bewegen. Abgesehen von Flanken, die ein spezielles Angriffsinstrument sind, gibt es zwei Hauptverwendungen des langen Balls.

Erstens geht der Ball über den Flügel. Der Ball wird oft von Außenverteidigern gespielt und entweder kontrolliert auf die Brust des Stürmers gespielt oder in den Raum hinter dem gegnerischen Außenverteidiger geschlagen, auf den ein Flügelspieler laufen kann. Dies ermöglicht sehr schnelle Spielübergänge, und während des Übergangs öffnen sich Räume am häufigsten.

Der andere Pass ist der Querpass, der darauf abzielt, das Spiel zu wechseln, eine Verteidigung über das Spielfeld zu ziehen und Räume zu schaffen, die Stürmer ausnutzen können. Normalerweise wird diese Art von Pass direkt zum Außenspieler gespielt.

Eine kleine Anmerkung. Manchmal versucht die Mittelhälfte, den Ball nach vorne zu werfen. Dies ist jedoch ein Pass von begrenztem Wert. Da der Schuss gerade und mittig erfolgt, ist die Fehlertoleranz gering. Verteidiger können entweder leicht abfangen, wenn es dem Pass an Präzision mangelt, oder der Ball läuft einfach zum Torwart und geht verloren.

Die Technik für den langen Pass ist folgende.

- Den Ball im 45 Grad Winkel zum Körper aufstellen.
- Die Arme ausstrecken, um das Gleichgewicht zu halten.
- Den Ball mit den Zehen tief unten schlagen, sodas der Fuß leicht unter den Ball geht.
- Leicht nach hinten neigen und den Kopf ruhig halten.
- Den Ball durchschlagen und den Fußbogen fortsetzen.

- Das Gleichgewicht wiederherstellen, indem man den anderen Arm scherenförmig über den Trittfuß führt.
- Der Ball rollt in die Richtung des Fußes.

Passübung – Langes Passspiel

Obwohl diese Übung kompliziert ist und Kinder möglicherweise ein paar Versuche brauchen, um sie zu verstehen, eignet sie sich hervorragend für die Entwicklung der Genauigkeit beim langen Pass, sobald sie verstanden wurde. Außerdem werden Kommunikation, Teamgeist und Schussfähigkeiten gefördert. Oh, und sie macht viel Spaß. Sie funktioniert gut mit Kindern unter 10 Jahren und älter.

Die Übung umfasst einen halben Siebener pro Seite mit einem Tor an jedem Ende. Das Spielfeld ist in drei Zonen unterteilt. An beiden Enden ist die Zone halb so groß wie die mittlere Zone (ungefähr 10 Meter, 20 Meter und 10 Meter). Es werden viele Bälle dafür benötigt.

Die Übung besteht aus sechs Spielern pro Mannschaft, einem Torwart, einem Verteidiger, einem Stürmer und drei Mittelfeldspielern.

Verteidiger: Spielen Sie den langen Pass und lassen Sie dabei das Mittelfeld aus. Verteidigen Sie ihren Bereich auf dem Spielfeld.

Stürmer: Versuchen Sie, ein Tor zu erzielen oder einen Mitspieler vorzubereiten.

Mittelfeldspieler: Die komplexeste Position. Sie müssen zusammenarbeiten, um unter eingeschränkten Bedingungen Unterstützung zu leisten. Wenn sich der Ball in der eigenen Verteidigungszone befindet, begibt sich EIN Mittelfeldspieler in diesen Bereich, um den Verteidiger und den Torwart zu unterstützen. Sie können den langen Ball in die Angriffszone spielen.

Wenn der Ball in die Angriffszone gespielt wird, darf sich EIN Mittelfeldspieler dieser anschließen, um seinen Stürmer zu unterstützen. Der Mittelfeldspieler kann Tore schießen oder den Angreifer vorbereiten. Geht der Ball zum Torwart oder erlangt der Verteidiger den Ball, muss sich der Mittelfeldspieler aus der Angriffszone zurückziehen.

Wenn der Ball die Mittelfeldzone erreicht, können die Spieler in eine der beiden Zonen passen oder schießen.

Wenn sich der Gegner in der Angriffs- oder Verteidigungszone im Ballbesitz befindet, DÜRFEN sie die Zone NICHT betreten, und wenn sie sich darin befinden, MÜSSEN sie sie sofort verlassen. Daher ist

Kommunikation erforderlich, um den am besten platzierten Mittelfeldspieler für die jeweilige Aufgabe zu ermitteln.

Das Spiel wird gespielt. Jedes Mal, wenn der Ball aus dem Spiel geht, gibt der Trainer einen neuen Ball an die entsprechende Mannschaft in der entsprechenden Zone zurück. Ein Schuss, der am Tor vorbeigeht, hat zur Folge, dass der Torwart den neuen Ball für den Neustart erhält. Bei einer Ecke wird der Ball dem Stürmer/Mittelfeldspieler in der Angriffszone zugespielt. Die Spieler sollten regelmäßig ihre Positionen tauschen.

Seien Sie geduldig mit der Übung. Es dauert zwar eine Weile, bis Kinder die Idee nachvollziehen können, aber wenn sie es einmal verstanden haben, ist es eine Übung, die regelmäßig angewendet werden kann, um lange Ballpässe zu entwickeln.

Top Tipp: Bei Übungen wie dieser versuchen junge Spieler oft, im Voraus zu planen. Beispielsweise macht der dominante Mittelfeldspieler deutlich, dass er derjenige sei, der den Angriff unterstützt! Lassen Sie dies nicht zu. Die Spieler müssen lernen, auf die Situation zu einzugehen, indem sie auf die Spielzüge der Spieler in den besten Positionen reagieren.

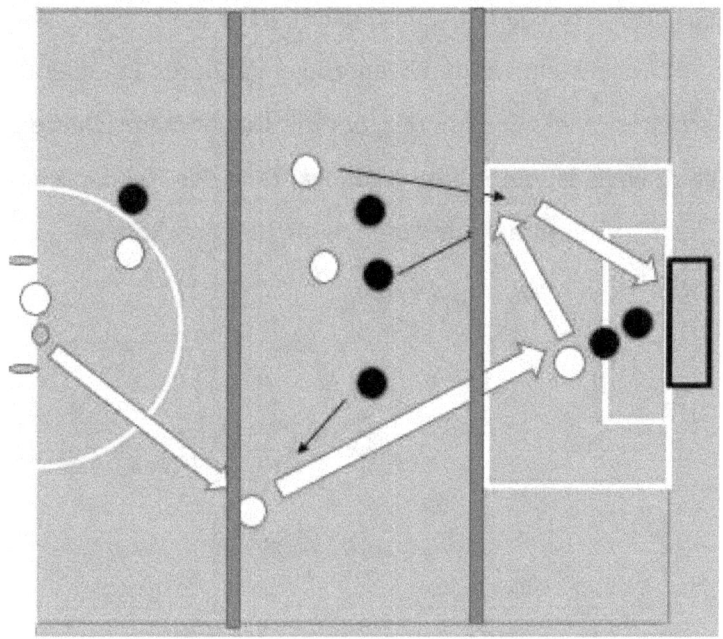

Verwendung von Kegeln zur Verbesserung des Passspiels

Ein Schlüsselelement beim Training junger Spieler besteht darin, sie zu beschäftigen. Ein gutes Aufwärmtraining besteht darin, einen „Angriffs-Pass-Parcours" einzurichten. Dies kann man Kegelhütchen erreichen, die die Passgenauigkeit fördern sollen. Es können kurze, lange und mittlere Pässe geübt werden, wobei mithilfe der Hütchen Winkel erzeugt werden. Lassen Sie die Spieler zu zweit oder zu dritt arbeiten und bewegen Sie sie etwa je eine Minute auf dem Platz.

Wenn es die Personalausstattung zulässt, kann ein Kurs von einem Trainer zusammengestellt werden, während ein anderer an einer anderen Fertigkeit arbeitet. Wie jeder von uns, der mit Jugendmannschaften gearbeitet hat, weiß, ist ein Schritthalten während der Trainingseinheit unerlässlich, um das Interesse und die Freude jüngerer Spieler aufrechtzuerhalten.

Offensive Fähigkeiten

Wäre George Best aus einer großen Fußballnation gekommen, würde man ihn in einem Atemzug mit Pelé, Maradona und Messi nennen. Vielleicht ist er es tatsächlich. Er teilte viele ihrer Talente; hervorragende Dribbling-Fähigkeiten; er war eher von kleinerer Statur (mit seinen 1,70 Meter war er gerade mal durchschnittlich groß, obwohl seine schlanke Statur ihn viel kleiner erscheinen ließ). Die andere entscheidende Eigenschaft, die Best mit diesen Großen teilte, war ein tödlicher Blick zum Tor.

Der Nordire erzielte einst nicht weniger als sechs Tore in einem einzigen Spiel. Es war gegen Northampton Town im FA-Cup-Turnier und das bemerkenswerte Ereignis trug sich im Jahr 1970 zu. Sicherlich gab es zwischen den Teams eine Kluft in der Klassen- und Ligaposition, aber es war dennoch eine bemerkenswerte Leistung. Die erstaunliche Darbietung war umso bemerkenswerter, wenn man bedenkt, dass das Spiel unter Bedingungen stattfand, bei denen das Gras eher an einen Bauernhof als an einen Fußballplatz erinnerte. Den Fans beider Mannschaften, die auf dem berüchtigten zweieinhalbseitigen Stadion von Northampton saßen und standen, wurde ein unvergessliches Vergnügen bereitet. Dazu kam das einzigartige

Erlebnis, ein Spiel auf höchstem Niveau im einzigen Profistadion in Großbritannien und möglicherweise auch auf der ganzen Welt zu sehen, dem eineinhalb seiner Tribünen fehlten (im wahrsten Sinne des Wortes gab es dort nichts).

(Außerhalb der Schuhmacherstadt ist es eine wenig bekannte Tatsache, dass auch das relativ neue Stadion von Northampton Town keine Seite hat. Diesmal sind es nicht Cricket oder Boccia, die den Ausschlag geben, wie es in den 1970er-Jahren der Fall war, sondern finanzielle Unzulänglichkeiten. Eine Seite des Sixfields-Stadions in Northampton erhielt die Erlaubnis, eine neue, zweistöckige Tribüne zu errichten, stand aber klaffend da wie ein zahnloses Baby, da das Geld ausgegangen war, bevor der Bau fertiggestellt werden konnte! Das ist nützliches Fußballwissen für ein Gespräch nach dem Spiel an der Bar!)

Aber zurück zu Best. Leider ging für ihn alles schief, als sein Superstar-Status in einer Flut von Frauen und Alkohol zusammenbrach. Aber Bests Ruhm war garantiert. Die meisten Leser werden von dem trickreichen Stürmer gehört haben, viele werden seine Heldentaten gut kennen. Hier ist also eine andere Frage. Brasilien gewann 1970 die Weltmeisterschaft. Wer stellte seine Verteidigung auf? Schwierig, oder? Denn auch wenn einige die brasilianische Mannschaft von 1970 für die großartigste internationale Mannschaft aller Zeiten halten, kennen wir den Stürmer Nordirlands, nicht aber die Abwehr dieser erstaunlichen Gruppe von Weltmeistern.

Nützlicher Hinweis: Tatsächlich waren es Carlos Alberta, Kapitän und Rechtsverteidiger, Piazza und Brito in der Mitte und Linksverteidiger Everaldo.

Daher ist es nicht verwunderlich, dass alle Kinder Stürmer werden wollen; ein Mittelstürmer, Nummer 10 oder Flügelspieler. Vielleicht wird es den ein oder anderen Siebenjährigen geben, der sich als Mittelfeldspieler oder Defensivspieler sieht, aber das sind nur wenige.

Dennoch kann im modernen Spiel jeder ein Offensivspieler sein. Die alte Vorstellung im Schulfußball, dass die Außenverteidiger die Mittellinie nicht überschreiten, ist glücklicherweise tot und begraben. Die einzigen Anforderungen an einen Mittelfeldspieler sind nicht mehr, dass er groß ist und den Ball über die halbe Spielfeldlänge schießen kann. Heutzutage beginnt der Angriff beim Torwart und entwickelt sich von dort aus.

Raum finden

Die Lektionen, die wir in jungen Jahren gelernt haben, begleiten uns ein Leben lang. Raum auf Kinderniveau zu finden ist nicht so schwer. Vorausgesetzt natürlich, dass die Jugendlichen gelernt haben, den Ball zu passen. Kleinfeldspiele sind so konzipiert, dass die Spieler Zeit und Raum haben, wenn sie im Ballbesitz sind. Schließlich werden sich die Fähigkeiten nicht weiterentwickeln, wenn Spieler sofort ausgeschaltet werden, sobald der Ball an ihren Füßen ankommt.

Das bedeutet nicht, dass die Fähigkeit, Raum zu finden, nicht gelehrt werden muss. Wir könnten diesen Aspekt des Fußballs in fünf Phasen unterteilen.

Nummer eins – Raum erkennen: Hier geht es darum, die Spieler dazu zu bringen, den Kopf nach oben zu richten. Jugendliche neigen dazu, sich auf den Ball zu konzentrieren, aber wir müssen sie ermutigen, das große Ganze zu sehen (ein Punkt, auf den wir immer wieder zurückkommen, wenn wir Kinder trainieren). Es gibt ein altes chinesisches Sprichwort, das wir auf die Vermittlung der Fähigkeit zur Raumerkennung anwenden können – tatsächlich stellt das Sprichwort eine gute Maxime für das Lernen jeglicher Art dar. Es geht so:

Ich höre...und ich vergesse

Ich sehe...und ich erinnere mich

Ich mache...und ich verstehe.

Mit anderen Worten: Unseren jungen Spielern nur zu sagen, sie sollen Raum finden oder an sich an einen bestimmten Ort bewegen, hat wenig Sinn. Sie könnten es tun, und es könnte einen unmittelbaren Nutzen bringen. Aber fünf Minuten später sagt der Trainer dasselbe. Es ist besser, die Spieler so anzuordnen, dass sie Räume sehen können. Die Spieler wissen zwar, wohin sie gehen sollen, aber nicht, warum. Daher fällt es ihnen schwer, auf neue Situationen zu reagieren. Aber das Beste ist, sie dazu zu bringen, ihren Raum selbst zu entdecken.

Wir können dies durch Wiederholung erreichen. Denken Sie daran, dass Kinder aktiv sein müssen. Sie lernen, wenn sie „tun" (haben wir diese Idee nicht schon einmal irgendwo gesehen?!). Diese Fähigkeiten werden also am besten durch die Spielsituation erworben. Das könnte das Schlussspiel sein, das Kinder so lieben.

Es kann sich dabei um eine gezielt eingerichtete Rondo-Trainigseinheit handeln, bei der der Schwerpunkt auf der Raumfindung liegt. Der Trainer muss den Kindern aktiv Fragen stellen. „Was sollen unsere Augen machen?" „Was machen wir mit unserem Kopf?" „Wohin bewegen wir uns?" „Warum haben wir uns dorthin bewegt?"

Diese Fragen werden mit viel Lob untermauert. Bald werden unsere jungen Schützlinge von Natur aus ihren Raum finden. Wenn sie zum vollwertigen Mannschaftsfußball übergehen, wird ihnen diese Fähigkeit zugutekommen.

Zweistufige Läufe: Wir werden uns später in diesem Kapitel genauer mit der Erstellung von Läufen befassen. Eine gute Verteidigung und ein gutes Mittelfeld schränken jedoch den Raum ein. Der Spieler kann ihn erstellen, indem seine Läufe in zwei Phasen durchführt. Zuerst legt er im Kopf fest, wo der Raum sein soll, und entfernt sich dann von diesem Bereich. Dies nimmt einen Verteidiger mit und schafft den Raum in der Zone, in die er möchte. Als nächstes sprintet er zurück in den von ihm geschaffenen Raum. Diese Bewegung wird manchmal als Zick-Zack-Bewegung bezeichnet.

Zeitwahl: Wie oft hören wir den Fernsehkommentator sagen: „Er hat seinen Lauf zum perfekten Zeitpunkt gemacht"? Aber um ein so hohes Maß an Perfektion zu erreichen, bedarf es Übung. Und Teamarbeit. Die Spieler müssen zusammenspielen, damit sie beginnen zu verstehen, wann ein Pass wahrscheinlich gespielt wird und wann ein Teamkollege seinen Lauf gerne machen möchte. Der große niederländische Meister Dennis Bergkamp war darin ein Genie. Schauen Sie sich auf YouTube einige Clips seiner Assistenten an. Ja, er konnte den perfekten 40-Yard-Zoll-Querpass-Ball spielen, aber seine eigentliche Fähigkeit war der 10-Yard-Pass, der mit perfektem Gegengewicht ausgeführt wurde, um dem Sprint seines Angriffspartners zu entsprechen.

Kleine Mannschaftsspiele eignen sich am besten für die Entwicklung des richtigen Zeitpunktes, da die Spieler viele Ballkontakte bekommen.

Wo soll man hinlaufen – die Verteidigung umdrehen: Verteidiger möchten sowohl den Ball als auch die Bedrohung ihres Gegners sehen können. Wenn also ein Stürmer „auf der Schulter" seines Gegenspielers spielt, also mit dem Verteidiger zwischen sich und dem Ball, muss dieser Verteidiger versuchen, gleichzeitig an zwei Stellen zu suchen. Der Stürmer hat dann bei seinem Lauf eine halbe Sekunde Vorsprung. Wir werden uns dies später in diesem Kapitel etwas genauer ansehen.

Fluidität: Ein entscheidender Aspekt des Spiels. Und auch etwas, das für Jugendliche sehr schwer zu erlernen ist. Als Erwachsene wissen wir, dass das Erzielen eines Tores normalerweise das Ergebnis eines großartigen Mannschafts-Zusammenspiels ist. Dass die Person, die punktet, gut abgeschnitten hat, dass aber Raum für diesen Spieler von anderen geschaffen wurde, die nicht den gleichen Ruhm erhalten. Für Kinder ist dieses Konzept schwer zu verstehen. Durch die ständige Förderung von Bewegungen, die Raum für andere schaffen, entwickeln junge Mannschaften eine bessere Koordination in ihrem Teamspiel und werden zu einer echten Einheit und nicht zu einer Gruppe von Einzelpersonen.

Wir würden keine speziellen Übungen zur Raum suche empfehlen. Ein solches Szenario zu schaffen ist äußerst künstlich. Stattdessen schlagen wir vor, dass dies eine Fähigkeit ist, die durch andere Übungen und insbesondere Spielsituationen – konditioniert oder real – ständig gestärkt wird. Trainer sollten bereit sein, zu pfeifen und den Spielverlauf zu stoppen. Dies gibt ihnen die Möglichkeit, ein gutes Spiel hervorzuheben. Sie sollten auch bereit sein, mit Einzelpersonen zu sprechen, während das Spiel weiterhin Möglichkeiten aufzeigt, wie sie effektiver Raum finden könnten.

Aus unserem Verständnis der kindlichen Entwicklung wissen wir, dass räumliches Bewusstsein ein Zustand ist, der sich im Laufe der Zeit entwickelt. Wir können das nicht ändern, aber was wir tun können, ist, das Potenzial eines Kindes zu maximieren, Räume auf dem Spielfeld zu erkennen. Auf diese Weise verfügen sie, wenn sie das Alter erreichen, indem sie das Gesamtbild eines Fußballspiels überblicken können, über die Fähigkeiten und das Wissen, Räume zu schaffen und zu nutzen.

Abseits

Es ist ein Albtraum. Dieser Superstürmer, der in der U11 nicht aufhören konnte zu punkten, kann bei der U12 plötzlich nicht mehr punkten. Schlimmer noch: Jedes Mal, wenn Ihre Mannschaft angreift, läuft er ins Abseits und der Ball geht verloren. Es ist ein erschreckend häufiges Szenario. Und das liegt absolut nicht am jungen Stürmer, sondern an der fehlenden Vereinsstruktur über alle Altersgruppen hinweg.

Dieser Fehler entsteht oft durch eine „Gewinnen um jeden Preis"-Mentalität, die den kurzfristigen Gewinn über die langfristige Entwicklung stellt und erst dann zum Tragen kommt, wenn sich die Struktur des Spiels ändert.

Aus diesem Grund plädieren wir dafür, so zu spielen, als ob Abseits schon in einem viel jüngeren Alter als unter 12 Jahren die Regel wäre. Beginnen Sie vielleicht sogar schon mit unter 10 Jahren. Es könnte die Mannschaft das eine oder andere Tor in Spielen kosten. Allerdings wird dadurch der Übergang an dem Punkt, an dem Abseits zum Gesetz wird, viel einfacher zu erreichen sein. (Auf jeden Fall ist es unter den meisten Umständen keine gute Taktik, einen Stürmer im oberen Feld freistehen zu lassen – „Torhänger", wie wir es nannten). Der Stürmer fördert auch das Spielen des langen Balls, da die Mannschaft versuchen wird, den Ball nach vorne zu bringen, bevor sich die Verteidigung neu organisieren kann.

Das Gesetz des Abseits erklärt: Wir entschuldigen uns dafür, wenn dies wie eine kleine Platzverschwendung erscheint, aber wir sind der Meinung, dass es sich lohnt, auf die Grundsätze des Abseits hinzuweisen. Regel 11 ist die komplexeste im Fußball. Beobachten Sie einfach, wie Experten darüber streiten, ob dieser oder jener im Abseits stand, als der Ball ins Netz geschossen wurde, oder ob er das Spiel störte, während sein Teamkollege ein Tor erzielte. Wenn Sie hauptsächlich als Schiedsrichter oder Linienrichter arbeiten (Entschuldigenung, Schiedsrichterassistent!), überspringen Sie bitte diesen kurzen Abschnitt. Aber es ist nützlich, sich an die Feinheiten des Gesetzes zu erinnern. Wenn wir es selbst nicht vollständig begreifen, wie können wir es dann unserem jungen Team beibringen?

Hier zitieren wir von der Webseite des Fußballverbandes, www.thefa.com. Beobachtungen und Abbildungen sind in nicht kursiver Schriftart.

Abseitsposition

Es ist kein Vergehen, sich im Abseits zu befinden. (Mannschaften stellen heutzutage häufig Spieler auf, die im Abseits stehen. Dies führt zu Problemen für die Verteidigung, da sie entscheiden muss, ob sie sich zurückziehen will, um den Spieler zu freizustellen, wodurch mehr Raum für andere Gegner entsteht, oder ob sie den Spieler zurücklässt und riskiert, ihn zu decken in einer starken Position ein paar Pässe später. Trotz des Risikos ist diese letzte Option die beliebteste.)

Ein Spieler befindet sich in einer Abseitsposition, wenn:
* *sich ein Teil des Kopfes, Körpers oder der Füße in der gegnerischen Hälfte befindet (mit Ausnahme der Mittellinie) und*
* *irgendein Teil des Kopfes, Körpers oder der Füße näher an der gegnerischen Torlinie ist als der Ball und der vorletzte Gegner.*
* *Die Hände und Arme aller Spieler, einschließlich der Torhüter, werden nicht berücksichtigt.*

Ein Spieler befindet sich nicht in einer Abseitsposition, wenn er auf gleicher Höhe mit Folgendem ist:

* *vorletzter Gegner oder*
* *Letzte zwei Gegner*

(Hinweis: Dies schließt zwar fast immer den Torwart ein, muss aber nicht. Nur weil ein Verteidiger näher an der Linie steht als der Angreifer, schließt das nicht aus, dass er im Abseits steht, wenn der Torwart weiter oben auf dem Spielfeld steht.)

Offensive im Abseits

Ein Spieler, der sich zum Zeitpunkt des Ballspiels oder der Ballberührung* durch einen Mitspieler in einer Abseitsposition befindet, wird nur dann durch aktive Einmischung in das Spiel bestraft, wenn dies bedeutete:

- *das Spiel durch Spielen oder Berühren eines von einem Mitspieler gespielten oder berührten Balls zu stören oder*
- *einen Gegner zu stören durch:*
- *einen Gegner daran hindern, den Ball zu spielen oder spielen zu können, indem die Sichtlinie des Gegners deutlich behindert wird oder*
- *einen Gegner um den Ball herausfordern oder*
- *offensichtlich versucht wird, einen Ball zu spielen, der sich in der Nähe befindet, wenn diese Aktion auf einen Gegner trifft oder*
- *eine offensichtliche Aktion ausführen, die sich eindeutig auf die Fähigkeit eines Gegners auswirkt, den Ball zu spielen*

*Der erste Kontaktpunkt beim „Spielen" oder „Berühren" des Balls sollte verwendet werden

oder

- *Sich einen Vorteil verschaffen, indem man den Ball spielt oder einen Gegner behindert, wenn er:*

- *vom Torpfosten, der Querlatte oder einem Gegner abprallte oder abgelenkt wurde* (Beachten Sie hier das Wort „abgelenkt". Nur weil der Ball abprallt, bedeutet dies nicht, dass ein Spieler auf die Seite gestellt wird.)
- *von einem Gegner absichtlich gerettet wurde.*
- *Ein Spieler in einer Abseitsposition, der den Ball von einem Gegner erhält, der den Ball absichtlich spielt (außer durch eine absichtliche Parade eines Gegners), wird nicht als Vorteil betrachtet.*

(Beachten Sie, dass der Gegner, der den Ball spielt, dies absichtlich tun muss und nicht im Prozess eines „Blocks" oder einer Abwehr. Dies ist oft der Grund für Kontroversen, da der Schiedsrichter entscheiden muss, ob ein Verteidiger den Ball spielt, er versucht einen Ball zu klären oder zu passen – der Stürmer steht nicht im Abseits – oder der Ball entweder versehentlich von ihm abgelenkt oder ins Abseits gerettet wird.)

Von einer „Rettung" spricht man, wenn ein Spieler einen Ball, der ins Tor oder sehr nahe am Tor geht, mit irgendeinem Körperteil außer den Händen/Armen stoppt oder versucht, ihn zu stoppen (es sei denn, der Torwart befindet sich im Strafraum).

In Situationen, in denen:

- *Ein Spieler, der sich aus einer Abseitsposition bewegt oder in einer Abseitsposition steht, einem Gegner im Weg steht und die Bewegung des Gegners in Richtung des Balls behindert. Dies ist ein Abseitsvergehen, wenn es die Fähigkeit des Gegners beeinträchtigt, zu spielen oder um den Ball zu kämpfen; wenn sich der Spieler einem Gegner in den Weg stellt und den Fortschritt des Gegners behindert (z. B. den Gegner blockiert), sollte das Vergehen gemäß Regel 12 bestraft werden*

- *Ein Spieler in einer Abseitsposition bewegt sich in der Absicht, den Ball zu spielen, auf den Ball zu und wird gefoult, bevor er den Ball spielt oder zu spielen versucht oder einen Gegner um den Ball herausfordert. Das Foul wird so bestraft, wie es vor dem Abseitsdelikt stattgefunden hat*
- *ein Vergehen gegen einen Spieler in einer Abseitsposition begangen wird, der bereits den Ball spielt oder zu spielen versucht oder einen Gegner um den Ball herausfordert, wird das Abseitsvergehen so bestraft, wie es vor der Foul-Anfechtung stattgefunden hat*

Nichts für Ungut

Es liegt kein Abseitsdelikt vor, wenn ein Spieler den Ball direkt erhält von:

- *einem Abstoß*
- *einem Einwurf*
- *einem Eckball*

Straftaten und Sanktionen

Bei einem Abseitsvergehen verhängt der Schiedsrichter einen indirekten Freistoß dort, wo das Vergehen stattgefunden hat, auch wenn es sich in der eigenen Spielfeldhälfte des Spielers befindet.

Ein Verteidiger, der das Spielfeld ohne Erlaubnis des Schiedsrichters verlässt, gilt als auf der Tor- oder Seitenlinie befindlich, wenn er die Absicht hat, das Spiel durch Abseits zu unterbrechen oder bis die verteidigende Mannschaft den Ball in Richtung Mittellinie gespielt hat und sich außerhalb ihres Strafraumes befindet. Wenn der Spieler das Spielfeld absichtlich verlassen hat, muss er verwarnt werden, wenn der Ball das nächste Mal außerhalb des Spiels ist. (Eine knifflige Angelegenheit, denn wenn ein Spieler verletzt ist und sich direkt vom Spielfeld auf die Torlinie dreht, spielt er auf der anderen Seite der Seite. Aus sportlicher Sicht ist es jedoch eine Herausforderung, in dieser Situation ein Tor zu erzielen. Fairplay bis zum Limit.)

Ein Angreifer darf das Spielfeld verlassen oder sich außerhalb des Spielfelds aufhalten und darf nicht am aktiven Spiel beteiligt sein. Wenn der Spieler die Torlinie erneut betritt und vor der nächsten Spielunterbrechung in das Spiel einbezogen wird oder die verteidigende Mannschaft den Ball in Richtung der Mittellinie gespielt hat und er sich außerhalb ihres Strafraums befindet, gilt der Spieler als zum Zwecke des Abseits auf der Torlinie positioniert. Ein Spieler, der ohne Erlaubnis des Schiedsrichters das Spielfeld absichtlich verlässt und wieder betritt, keine Abseitsstrafe erhält und sich einen Vorteil verschafft, muss verwarnt werden.

Bleibt ein Angreifer stationär zwischen den Torpfosten und im Tor, während der Ball in das Tor geht, muss ein Tor zuerkannt werden, es sei denn, der Spieler begeht ein Abseitsvergehen oder ein Vergehen nach Regel 12; in diesem Fall wird das Spiel mit einem indirekten oder direkten Freistoß fortgesetzt.

Nützlicher Hinweis: *Regel 12 bezieht sich auf Fouls und Fehlverhalten. Mit anderen Worten: Straftaten, bei denen es zu Freistößen – direkt oder indirekt – und Strafstößen kommt.*

Die gute Nachricht (wahrscheinlich) ist natürlich, dass solche Feinheiten auf Schüler- oder Mädchenebene selten angewendet werden. Das ist einer der Gründe, warum wir niemals dafür plädieren würden, eine Jugendmannschaft zu gründen, um eine Abseitsfalle auszuspielen. Dabei wird nicht nur die Taktik über die Entwicklung von Fähigkeiten gestellt, was niemals der Fall sein sollte, sondern es funktioniert auch selten.

Das Geheimnis, um nicht ins Abseits zu geraten, liegt im perfekten Zeitpunkt der Läufe. Die Ideen dazu finden Sie am Ende dieses Kapitels. Das richtige Zeitpunkt von Läufen ist eine Fähigkeit, unabhängig davon, ob es sich um eine Abseitsstellung handelt oder nicht. Das ist ein weiterer Grund, warum es ratsam ist, so zu spielen, als ob die Regel in Kraft wäre, egal welche Altersgruppe wir trainieren.

Breites Spiel

Ein Fußballplatz ist relativ breit. Die vorteilhafteste Position im Raum ist die Mitte des Spielfelds, da von hier aus die meisten Optionen zur Verfügung stehen. Allerdings ist dies das am dichtesten bepackte Gebiet. Gute Teams nutzen die Breite, denn dort ist der Platz und lässt sich am einfachsten schaffen.

Transition ist der Ballbesitzwechsel von einer Mannschaft zur anderen. Gute Mannschaften versuchen, eng zu bleiben und den Raum einzuschränken, wenn sie nicht im Ballbesitz sind, und streuen die Spieler weit, wenn sie den Ball zurückgewinnen, um den Raum auszunutzen.

Offensivübung: Weite schaffen

Dies ist eine praktische Übung, da sie, obwohl sie konditioniert ist, die Übergangsphase eines Spiels nachbildet. Die Übung benötigt eine halbe Steigung. Es gibt drei Verteidiger, einen Torwart (der die Übung in Position beginnt) und fünf Angreifer. Es handelt sich also um eine Rondo-Übung, bei der es der angreifenden Mannschaft gelingen sollte, einen Torschuss zu erzielen. Der Ball startet in der Mitte. Es gibt Fahnen oder Kegel, die die Mittellinie und die Eckpunkte markieren.

Die Verteidiger beginnen dort, wo die Mittellinie auf die Seitenlinie trifft. Die Angreifer an der gegenüberliegenden Eckfahne. Die Übung beginnt damit, dass die Spieler entlang der Seitenlinie, um eine Flagge herum und in Position sprinten. Daher müssen die Spieler wie beim Wechsel hart arbeiten, um in die richtige Defensiv- oder Offensivposition zu gelangen. Die Offensivmannschaft nutzt ihre beiden Ersatzspieler, um auf beiden Seiten des Spielfelds Weite zu schaffen. Das Ziel der Mannschaft besteht darin, den Ball weit und in den Raum zu bringen, um eine Flanke zu ermöglichen, die ihr eine Torchance verschafft.

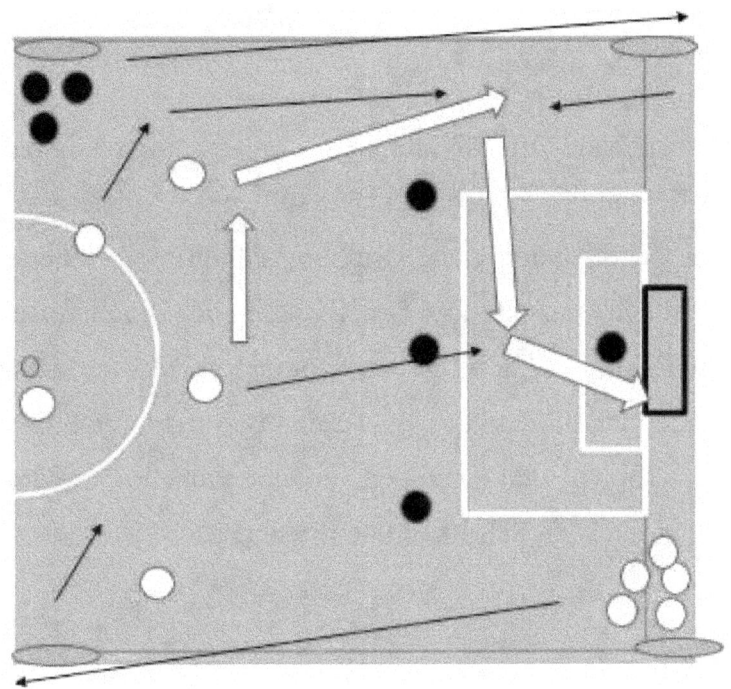

Hinweis: Für diese Übung haben wir die Spieler dupliziert und sowohl ihre Startpositionen als auch die Positionen gezeigt, die sie einnehmen können, wenn der Ball ins Spiel kommt. So besteht beispielsweise die Gruppe der Weißen aus denselben Spielern wie die verteilte Gruppe in der Nähe der Mittelbahn.

Dribbeln

Eine spannende Offensivfähigkeit. Trainer sollten die Spieler dazu ermutigen, beide Füße zu benutzen. Sie sollten den Spielern die Möglichkeit geben, individuelle Dribbling-Fähigkeiten zu üben, wie zum Beispiel den Übertritt oder das Absenken der Schulter. Beim Laufen mit dem Ball (d.h. wenn Platz vor dem Spieler vorhanden ist) achten Trainer darauf, dass die Spieler den Ball mit ihren Fußspitzen bewegen und ihn vor sich hinstoßen, um eine schnelle Bewegung zu ermöglichen, ohne den Schritt zu unterbrechen.

***Top Tipp:** Fördern Sie diese Fähigkeiten und belohnen Sie die Anstrengung immer, auch wenn sie nicht gelingt. Nur wenn die Spieler Spaß haben, können sie experimentieren und sich so selbst herausfordern, um sich zu verbessern.*

Dribbeln ist eine großartige Aufwärmaktivität, und die folgende Übung kann in jeder Sitzung verwendet und angepasst werden, da sie einfach anzuwenden ist, jeden Spieler einbezieht (sogar ein Torwart braucht im modernen Spiel gute Beinarbeit), schnell ist und wenig direktes Training erfordert.

Offensivübung: Dribbeln zum Aufwärmen

Halbe Länge des Spielfeldes. Die Spieler beginnen an einem Ende. Für enge Dribbelfähigkeiten werden eine Reihe von Hütchen nahe beieinander platziert. Auf halbem Weg gibt es einen Raum, in dem die Spieler ihre individuellen Fähigkeiten testen können. Drehen Sie am Ende den größeren Kegel um und laufen Sie mit dem Ball mit sehr schnell bis zur letzten Markierung, an der ein Pass zum nächsten verfügbaren Spieler erfolgt. Machen Sie bis zum Ende der Reihe weiter.

Indem ein andersfarbiger Kegel an der entsprechenden Stelle platziert wird, weiß der nächste Spieler, wann er loslaufen muss. Halten Sie die Übung am Laufen, es können immer mindestens vier Spieler gleichzeitig arbeiten.

Schießen

Die Geschwindigkeit und Genauigkeit, mit der ein Spieler schießen kann, entscheidet über den Erfolg einer Mannschaft. Daher sollte das Schießen eine Fähigkeit sein, die regelmäßig geübt wird. Entmutigen Sie niemals das Schießen, selbst wenn ein Schuss falsch getroffen wird. Es gibt ein altes Sprichwort, und es ist so wahr. „Man kann kein Tor erzielen, wenn man nicht schießt." Und Spieler schießen nicht, wenn sie Angst vor den Folgen eines Fehlschusses haben.

Die Schlüsselelemente eines guten Schusses sind folgende:

- Den Ball in einem Winkel von etwa 45 Grad zum Körper aufsetzen.
- Die Arme ausstrecken, um das Gleichgewicht zu halten, und den nicht tretenden Fuß sicher neben den Ball stellen.
- Den Kopf über dem Ball halten, um den Schuß niedrig zu halten.
- Mit der Fußspitze treten und den Ball durchschlagen.
- Den Anweisungen ruhig folgen.
- Auf die hinterste Ecke des Tores zielen. Versuchen, den Schuss niedrig zu halten, da dies für den Torwart schwieriger ist.

Es gibt viele Schießübungen. Die Folgende gefällt uns, weil sie Bewegung beinhaltet und mit der Hinzufügung eines Verteidigers weiterentwickelt werden kann.

Offensivübung: Passen und schießen

Ein Torwart und drei Stürmer sind beteiligt, weitere warten darauf, eingesetzt zu werden. Zwei Kegel werden auf einer Linie mit der Strafraumecke und etwa 5 Meter davon entfernt aufgestellt. Auf diesen Pfosten werden die Spieler zwei und drei platziert.

Spieler eins beginnt am Rand des Mittelkreises. Er passt zielgerichtet und über den Boden zu einem der anderen Spieler und rennt weiter. Der Spieler, der den Ball erhält, bereitet entweder einen Schuss für den Stürmer vor oder passt zu seinem anderen Mitspieler, der dann den Schuss vorbereitet.

Der Stürmer legt die Zeit seines Laufs für den ersten oder zweiten Ballkontakt fest.

Die Spieler wechseln sich ab, um sicherzustellen, dass alle Zeit haben, an der hier geübten Schlüsselkompetenz zu arbeiten.

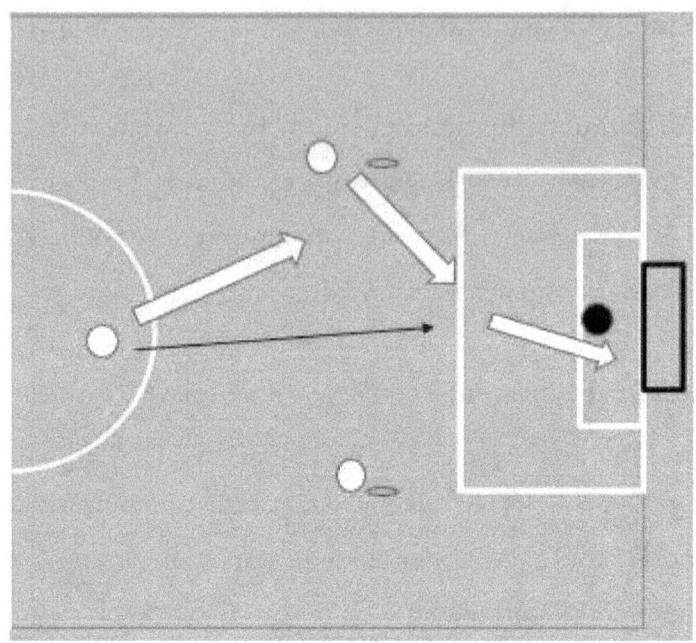

Zeitmessungsläufe

Endlich sind wir angekommen. So wie ein Stürmer am Ende einer Flanke landet oder ein Mittelfeldspieler zu spät in den Raum kommt, sind wir bei der in diesem Kapitel häufig erwähnten Hauptkompetenz angelangt. Wir haben immer wieder betont, wie wichtig der perfekte Zeitpunkt von Läufen ist. Wenn wir jungen Spielern diese Eigenschaft beibringen, wird sie ihnen (im wahrsten Sinne des Wortes) ihr gesamtes Spielerleben lang zur Verfügung stehen.

Bei einem zeitlich gut eingesetzten Lauf kommt der Spieler gleichzeitig mit dem Ball im Raum an. Dazu gehört ein gutes Verständnis zwischen den Teamkollegen; sie müssen wissen, wo und wann der Spieler seinen Lauf ansetzen wird, er oder sie muss verstehen, wie sein Teamkollege seinen Pass abgeben wird.

Regelmäßiges gemeinsames Spielen hilft, doch noch wichtiger ist es, den Kopf oben zu halten. Die Kommunikation mit Worten oder Gesten ist der Schlüssel. So gut das Verständnis zwischen zwei Spielern auch sein mag, es ist nicht, wie hyperbolische Kommentatoren gerne behaupten, telepathisch. Es ist das Ergebnis des gemeinsamen Spielens, des Erkennens von Räumen und einer guten Kommunikation.

In den toten Winkel

Der tote Winkel ist der Raum hinter einem Verteidiger, der nicht in seinem peripheren Sichtfeld erfasst wird. Wenn Stürmer im toten Winkel agieren, können sie eine wertvolle Sekunde gewinnen, um Raum zu finden oder einen Schuss abzuwehren.

Offensivübung: In den toten Winkel

Dies ist eine Rondo-Übung mit vier gegen zwei plus einem Torwart. Ein Spieler liefert den Pass. In dieser Version gibt es zwei zentrale Spieler, die freigestellt werden, und den vierten Spieler, der außen bleibt. Die Stürmer bewegen sich auf den Ball zu und lassen dabei die Torseite ihres Verteidigers hinter sich.

Sie drehen sich und laufen hinter den Verteidiger, und der Ball wird innerhalb des Verteidigers entweder zum Außenspieler oder zum Stürmer weitergegeben, der den Lauf gemacht hat. Der Stürmer nutzt den geschaffenen Raum, um einen Schuss abzuwehren. Andere Spieler unterstützen sich dabei, Optionen anzubieten oder Rebounds einzusammeln.

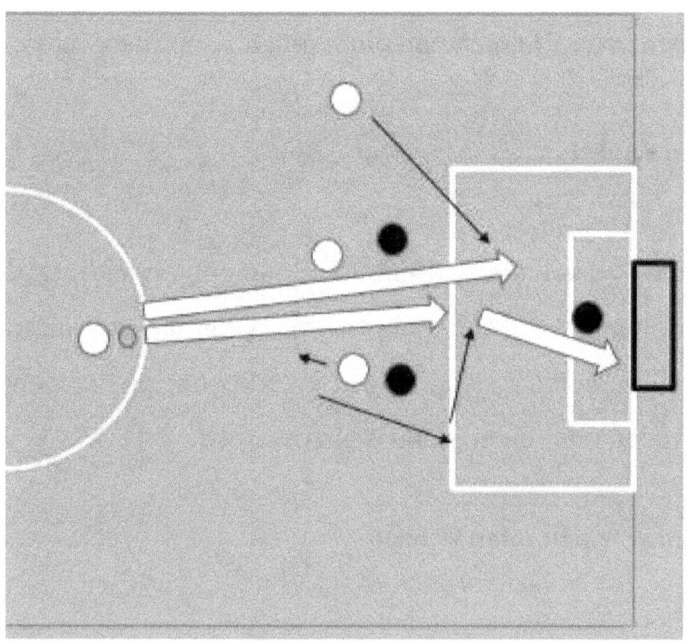

Im Bogen laufen, um Abseits zu vermeiden

Da bis auf die Kleinsten alle diesen Sport ausüben, lässt sich das Konzept des Bogenlaufs effektiver nutzen, wenn Verständnis dafür vorhanden ist.

Sicherlich ist es eine wesentliche Fähigkeit eines Stürmers, wenn im Abseits gespielt wird. Auch wenn dies nicht der Fall ist, ist das frühe Erlernen dieser Fertigkeit keine schlechte Sache. Im Wesentlichen bringt diese Bewegung folgende Vorteile mit sich:

- Der Stürmer ist bereits in Bewegung und kann dadurch effektiver beschleunigen.
- Der Stürmer weiß, wann er einen Bogen laufen wird, und das verschafft ihm einen Vorteil gegenüber einem Verteidiger.
- Die Verteidigung wird umgedreht. Verteidiger bevorzugen es, mit dem Rücken zum Tor zu verteidigen und nicht in die eigene Gefahrenzone zu rennen.
- Ein Tackling von hinten durchzuführen ist sehr viel schwieriger, als ein Tackling von der Seite oder ein

Blocktackling. Selbst wenn der Ball erobert wird, besteht die Gefahr, dass der Verteidiger durch den Angreifer hindurchkommt, um den Ball zu erobern und einen Freistoß zu vergeben.

- Ein Tackling zur falschen Zeit von hinten, kann oft zu einer roten Karte führen, wenn dadurch ein Stürmer gestoppt wird, der sich außerhalb des Tors befindet. Im Jugendfußball ist dies in der Regel nicht der Fall.
- Das Drehen einer Verteidigung führt dazu, dass sie ihre Form verliert und mehr Raum für andere Spieler schafft.
- Wenn der Stürmer schließlich seinen Lauf erfolgreich abwehrt und der Steilpass präzise ist, ergibt sich oft eine Torchance.

Allerdings ist ein gutes Verständnis zwischen Stürmer und Spielmacher erforderlich. Diese Beziehung wird im Training und durch das gemeinsame Spielen entwickelt. Dennoch lernt der erfolgreiche Stürmer, wann ein guter Zeitpunkt ist und nicht so klug ist, einen Bogenlauf zu versuchen.

Wenn der im Ballbesitz befindliche Mittelfeldspieler stark unter Druck gesetzt wird, ist es viel schwieriger, einen verteidigungsspaltenden Pass zu erzielen. In solchen Situationen ist ein guter Stürmer besser einzusetzen, indem er kurz auf den Mittelfeldspieler zuläuft, um ihm einen leichteren Pass zu ermöglichen. Wenn der Mittelfeldspieler jedoch Raum hat, ist das ein guter Zeitpunkt, den Lauf abzuwehren und sich auf den Raum hinter der Abwehr zu konzentrieren.

Die besten Stürmer entwickeln auch ein Bewusstsein für ihre Teamkollegen. Es kann sein, dass ein kurzer Anlauf auf den Ball einem Mitspieler eine bessere Möglichkeit gibt, in dem gerade entstandenen Raum einen Bogen zu laufen.

Schließlich ist es bei jungen Spielern wirklich wichtig, dass ihre Läufe mit Lob belohnt werden. In den meisten Fällen bereitet der Stürmer seinen Bogen vor, setzt einen Beschleunigungsstoß in Gang und muss sich dann wieder abbremsen, weil der Pass nicht ausgeführt wird. Dies kann für den Stürmer demoralisierend sein, da er verstehen muss, wie wichtig es ist, seine Bewegungen auszuführen. Bei der Nummer 9 geht es nicht nur darum, großartige Tore zu schießen und Ruhm zu erlangen, sondern auch um harte Arbeit.

Die gute Nachricht für junge Spieler ist, dass der Mittelstürmer im Profispiel oft die erste Person ist, die taktisch ersetzt wird. Der übliche Grund dafür ist, dass der Stürmer so viele Läufe gemacht hat – viele davon haben nicht dazu geführt, dass er einen Pass erhalten hat –, und er eine Pause braucht!

Offensivübung: Der Bogenlauf.

Der Aufbau für diese Übung ist derselbe wie für Übung 17 A. In diesem Beispiel starten die Stürmer jedoch von einer etwas tieferen Position auf dem Spielfeld, sodass hinter der Verteidigung mehr Raum für den Passspieler bleibt, um den Ball zu liefern. Es gilt Abseits.

***Nützlicher Hinweis:** Etwas weiter oben auf dem Spielfeld zu beginnen, kann von der Verteidigung vorgegeben werden. Taktisch gesehen drückt eine höhere Linie das Mittelfeld zusammen, was es schwieriger macht, einen Schlüsselpass zu erzielen, aber der Nachteil ist, dass die Verteidigung dahinter mehr Raum lässt, den ein schneller Offensivspieler ausnutzen kann.*

Die drei angreifenden Spieler teilten sich jeweils eine Breite auf jeder Seite und eine in der Mitte. Sie laufen seitlich über das Spielfeld und zeigen an, wann der Pass ausgeführt werden soll. In diesem Moment ändern sie die Richtung und sprinten auf das Tor zu, wobei sie ihren Verteidiger als Hilfe nutzen, wenn sie freistehend werden. Beachten Sie, dass dies ein legaler Schulter-an-Schulter-Kontakt sein muss. Der Ball wird in den Raum hinter der Abwehr gespielt. Dies ist wahrscheinlich die einfachste Art, einen Lauf zu zeitlich abzustimmen, da hier die größte Fehlertoleranz besteht.

Das Mittelfeld durchbrechen

Offensivübung – Das Mittelfeld durchbrechen

Also auf zur komplexesten Art, die Abseitsfalle zu durchbrechen. Um im Mittelfeld Raum für eine Ballfolge zu schaffen, bedarf es großartiger Teamarbeit. Dabei hat jeder Spieler eine individuelle Aufgabe. Spieler eins passt den Ball in den Raum für den Mittelfeldläufer.

Spieler zwei kommt auf den Ball zu und nimmt seinen Verteidiger mit. Gleichzeitig schießt Spieler drei mit einem seitlichen Lauf am Tor seines Verteidigers vorbei. Dieser Spieler ändert dann die Richtung seines Laufs in Richtung Tor, um den Mittelfeldspieler bei Bedarf zu unterstützen.

Spieler vier, der Mittelfeldläufer, lenkt seinen Lauf in den von seinen Teamkollegen geschaffenen Raum. Pass und Lauf sollten zeitlich so abgestimmt sein, dass sich der Spieler so nah wie möglich an der Abseitslinie befindet, damit er seine Ballfolge optimal nutzen kann, um eine Torgelegenheit zu schaffen.

Beginnen Sie die Übung, indem Sie die Bewegungen durchgehen, um die Spieler an ihre Rolle zu gewöhnen, und erhöhen Sie dann das Tempo. Die Übung geht dann in die dritte Phase über, in der ein 4-gegen-2-Spiel (plus ein Torwart) gespielt wird, bei dem die Offensivmannschaft Torchancen schaffen muss. Wenn die Offensivmannschaft Schwierigkeiten hat, kann ihr ein zusätzlicher Spieler hinzugefügt werden, um ihre Passoptionen zu erweitern.

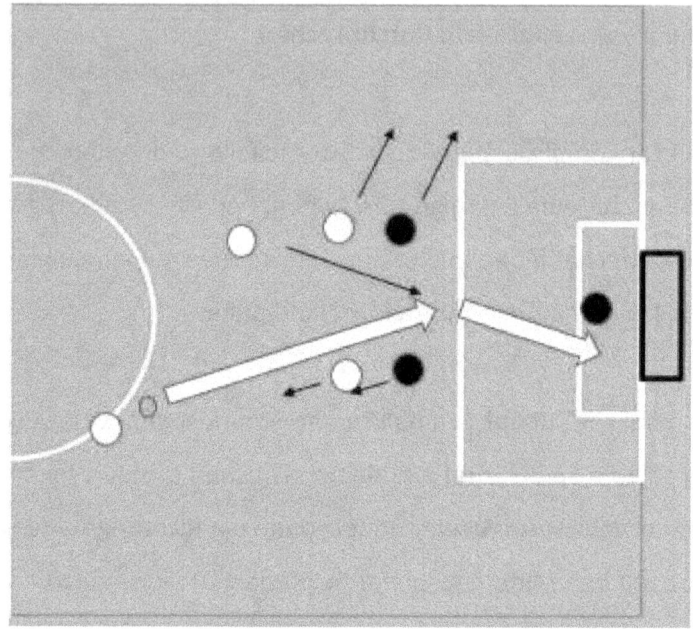

In diesem Kapitel zum Offensivspiel sind wir ziemlich technisch vorgegangen. Kinder kommen mit dieser Art von technischem Training zurecht, vorausgesetzt, es macht Spaß, ist aktiv und der Trainer ermutigt die Spieler zum Experimentieren und übt keine Kritik, wenn sie etwas falsch machen.

Trainer müssen sich jedoch auch darüber im Klaren sein, dass sie das Spiel junger Menschen einschränken. Obwohl alle technisch von den in diesem Kapitel vorgestellten Übungen profitieren werden, müssen wir uns auch darüber im Klaren sein, dass die Kreativität junger Menschen nicht eingeschränkt wird. Es ist diese Kreativität, die es einem sehr guten jungen Spieler ermöglicht, sich zu einem Ausnahmespieler zu entwickeln.

Die besten Trainer nutzen ihr Urteilsvermögen und sind nicht an das Trainerhandbuch gebunden.

Eine kurze Nachricht des Autors:

Hey, gefällt Ihnen das Buch? Ich würde gerne Ihre Meinung hören! Viele Leser wissen nicht, wie schwierig es ist, an Rezensionen zu kommen und wie sehr sie einem Autor helfen.

Ich wäre Ihnen unglaublich dankbar, wenn Sie sich nur 60 Sekunden Zeit nehmen könnten, um eine kurze Rezension auf Amazon zu schreiben, auch wenn es nur ein paar Sätze sind!

Vielen Dank, dass Sie sich die Zeit nehmen, Ihre Gedanken mitzuteilen! Ihre Bewertung macht für mich wirklich einen Unterschied und trägt dazu bei, meine Arbeit bekannter zu machen.

Dribbelfähigkeiten

Dribbeln ist einer der aufregendsten Aspekte des Spiels. Es hat etwas unbeschreiblich Beeindruckendes, einem schnellen Flügelspieler dabei zuzusehen, wie er sich vom Seitenstreifen absetzt, den Ball schlägt und an einem Außenverteidiger vorbeirast und den Verteidiger im Regen stehen lässt.

Wir haben uns zuvor damit befasst, wie allgemeine Dribbling-Fähigkeiten als Teil des Aufwärmens vor einer Trainingseinheit entwickelt werden können. In diesem Kapitel werden wir uns ausführlicher mit spezifischen Übungen und Techniken befassen, die den Spielern helfen, ihre Dribbling-Fähigkeiten und -Techniken zu verbessern.

Kinder lieben es zu dribbeln. Die Herausforderung besteht oft darin, sie zum Passen zu bewegen und nicht den Ball an ihren Füßen kleben zu lassen. Der Trainer hat also einen positiven Start hingelegt. Der nächste Schritt besteht darin, den natürlichen Enthusiasmus, der aus jeder Pore junger Fußballspieler strömt, zu nutzen und ihn in die Fähigkeiten zu verwandeln, die ihnen während ihrer gesamten Spielerkarriere von Nutzen sein werden.

Dribbelübung: Tagging Spiel (Fangen)

Diese Übung ist eine großartige Möglichkeit, Kindern die Schlüsselfertigkeiten des Dribbelns beizubringen. Genaue Kontrolle, Nutzung beider Füße, wie Innenspann und Außenspann, und, was wichtig ist, das Halten des Kopfes nach oben.

Es ist ein lustiges Spiel, ideal zum Aufwärmen, schnell aufgebaut und mit viel Aktion verbunden, also perfekt für junge Spieler.

Der Trainer legt ein großes Raster fest – der Mittelkreis oder eine Strafbank funktionieren genauso gut. Das gesamte Team nimmt teil. Jeder Spieler hat einen Ball und muss in den Strafraum dribbeln, ohne ihn zu verlassen. Ein Spieler trägt eine Armbinde und das ist der „Tagger" (der Fänger). Sein Ziel ist es, einen der anderen Spieler zu berühren oder zu fangen. Dies ist nur möglich, während der Tagger seinen Ball selbst unter Kontrolle hat.

Der Trainer überwacht das Geschehen und erinnert die Spieler ständig daran, den Kopf hochzuhalten und beide Füße sowie die Innen- und Außenseite zu benutzen.

Dribbelübung: Entscheidungen treffen

Für Spieler, die dribbeln, ist die Entscheidungsfindung immer wichtig. Wann muss man passen? Soll ich schießen? Soll ich gegen einen anderen Spieler antreten? Diese Entscheidungen sind nicht nur herausfordernd, wenn der Ball unter ihren Füßen liegt und sie Zeit haben, über die Optionen nachzudenke; vor allem erhöht sich der Schwierigkeitsgrad ständig, wenn sie getroffen werden müssen, während sie im schnellen Lauf sind.

Und wenn die falsche Entscheidung getroffen wird, kann die ganze gute Dribbling-Arbeit umsonst sein. Wie oft haben wir erlebt, dass ein talentierter Flügelspieler nach und nach aus einem Team verschwindet, weil seine endgültige Entscheidung schlecht war?

An dieser Übung sind drei Teams mit jeweils drei Spielern beteiligt. Einer der Spieler wird als Torwart nominiert und dieser Spieler kann ausgewechselt werden. Markieren Sie ein grobes Dreieck mit einer Seitenlänge von 20 m. Ein Kegel pro Ecke ist in Ordnung, und Trainer sollten sich keine allzu großen Sorgen machen, wenn die Bälle aus dem Spielfeld geraten. An jeder Seite ist ein kleines Tor angebracht.

Die Übung kann sich ordentlich entwickeln. Stufe eins ist ein einfaches Dribbling zwischen Angreifer und Torwart. Jede Mannschaft dribbelt den Ball und versucht, ins Tor zu ihrer Linken zu punkten. Dies kann nach Wunsch des

Trainers auf das Tor zu seiner Rechten vertauscht werden. Es handelt sich um eine kontinuierliche Aktivität, bei der der zweite Spieler jeder Mannschaft beginnt, sobald seine Mannschaft den Torschuss ausgeführt hat.

Nach ein paar Runden wird ein Verteidiger hinzugefügt. Somit besteht das Dreierteam nun aus einem Verteidiger, einem Dribbler und einem Torwart. In dieser 1-gegen-1-Phase ist die Wertung schwieriger.

Der Hauptteil der Übung besteht aus einem gleichzeitigen 3 x 3 x 3-Spiel, bei dem alle drei Tore im Einsatz sind. Teams können jedes Tor erzielen, außer ihr eigenes. Wie man sich vorstellen kann, wird die Übung nun sehr aktionsgeladen und das Spiel bewegt sich in alle Richtungen. Dadurch wird die Verwirrung eines echten Spiels wiederhergestellt. Außerdem treffen die Spieler ständig Entscheidungen. Wann angreifen? Wann verteidigen? Passen oder dribbeln?

Auf diese hervorragende Übung kann zurückgegriffen werden, während die Spieler ihre individuellen Fähigkeiten weiterentwickeln. Für den Trainer besteht die Herausforderung darin, ob er individuelle Fertigkeiten vor den in dieser Übung entwickelten taktischen Fertigkeiten einführt.

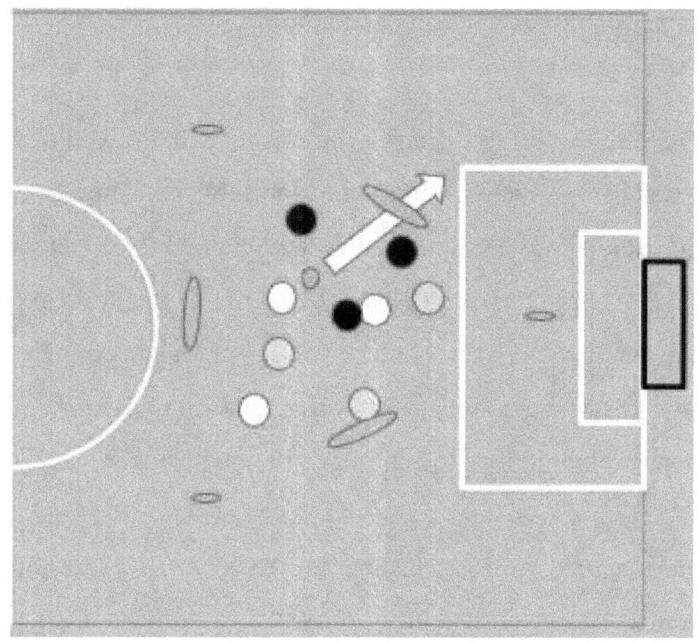

Normalerweise würden wir empfehlen, die technischen Fertigkeiten vor der taktischen Fertigkeit zu üben. Dribbeln ist vielleicht die einzige Ausnahme von dieser Regel. Das liegt daran, dass es etwas ist, was junge Spieler von Natur aus tun. Tatsächlich können sie zu viel dribbeln. Deshalb ist es wichtig, sie dazu zu bringen, darüber nachzudenken, was sie mit ihren Dribblings tatsächlich erreichen werden. Wenn sie die richtige Entscheidung treffen, wird ihre Erfolgsquote steigen und damit auch ihr Selbstvertrauen. Dadurch sind sie bereit, mehr zu experimentieren und so ihre persönlichen Dribbling-Fähigkeiten zu entwickeln.

Dribbelübung: Richtungswechsel nach innen

Beim Flügelspiel geht es nicht nur darum, weit zu dribbeln und zu flanken. Tatsächlich versuchen viele Teams mittlerweile, einen überwiegend rechtsfüßigen Spieler auf der linken Seite des Spielfelds einzusetzen und umgekehrt. Einerseits kann dies den Verteidigern helfen, da sie erkennen können, dass der Spieler wahrscheinlich vor dem Pass oder der Flanke nach innen auf seinen stärkeren Fuß greift. Durch den Richtungswechsel nach innen können Dribbler jedoch in Schusspositionen gelangen.

Der phänomenale französische Stürmer Thierry Henry war ein echter Spezialist, indem er von der linken Seite des Spielfelds nach innen schoss, auf den rechten Fuß wechselte und dann seinen Körper öffnete, um den Ball seitlich ins lange Eck zu schießen. (Wenn er zweifüßig ist, ist der Spieler natürlich noch gefährlicher!)

Zeigen Sie Ihren jungen Spielern Clips seiner Tore. Sie bieten einen echten Einblick, wie ein Stürmer diese Fähigkeit mit erstaunlicher Wirkung einsetzen kann.

Der Richtungswechsel nach innen schafft auch Raum für einen Außenverteidiger oder Flügelverteidiger, um aus dem Dribbler herauszukommen, was für den Verteidiger ein doppeltes Problem darstellt. Versucht er, den Dribbler zu verfolgen, oder versucht er, den überlappenden

Spieler zu decken? Diese kurze Pause während einer Entscheidung reicht häufig aus, damit der dribbelnde Stürmer seinen Pass oder Schuss abwehren kann.

Diese Übung beinhaltet eine Reihe von Optionen und daher ist die Entscheidungsfindung von entscheidender Bedeutung. Es handelt sich um eine Übung im Rondo-Stil mit drei Angreifern gegen einen Verteidiger und einen Torwart.

Top Tipp: *Stellen Sie einfache Dribbling-Übungen wie Dribbeln, Richtungswechsel und Schießen auf, die Sie in jeder Trainingseinheit anwenden können. Sie sind schnell zu organisieren, einfach zu erklären und im Laufe einer Saison werden junge Spieler viel besser im Dribbeln.*

Spieler eins ist der Dribbler. Er oder sie dribbelt und wechselt hinein. Spieler zwei ist der Außenverteidiger. Dieser Spieler läuft an der Außenseite des Flügelspielers entlang, um ihm eine Passmöglichkeit zu bieten. Spieler drei ist Stürmer. Er oder sie läuft seitlich (um vorzugeben, dass er auf der Seite bleibt) und wechselt im 45-Grad-Winkel, um entweder den Pass für einen Schuss zu erhalten oder den Verteidiger abzuziehen, um Platz für den Dribbler zu schaffen. Der Verteidiger versucht, der Bewegung des Balls zuvorzukommen und dagegen zu verteidigen.

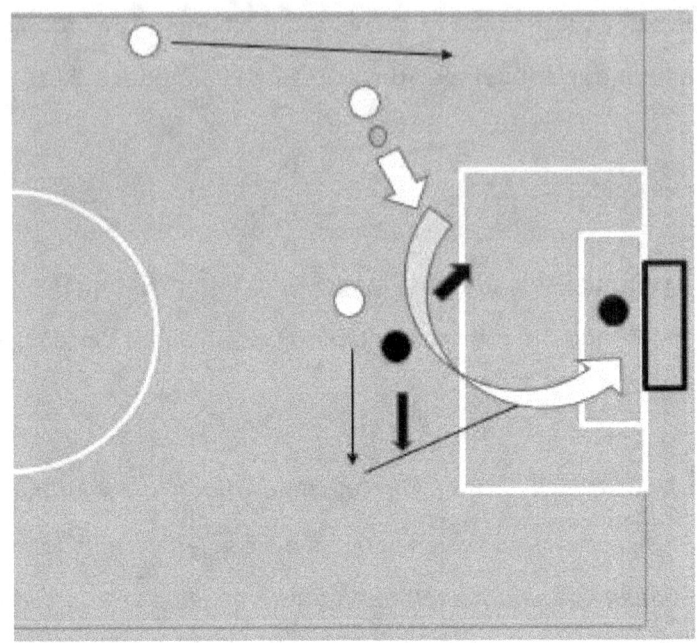

Der Trainer sollte hier die Mannschaft ermutigen, schnell voranzukommen; Raum für ein solches Dribbling entsteht oft in der Übergangszeit, und daher muss der Angriff schnell (in einem Spiel) abgeschlossen werden, bevor sich die Verteidigung neu organisieren kann. Der Trainer sollte das Laufen ohne Ball, die Kommunikation und die beste Entscheidungsfindung für den Spieler im Ballbesitz fördern.

Dribbeln gegen den Torwart

Stürmer werden sich in 1-gegen-1-Situationen mit dem Torwart wiederfinden. Sie sollten ermutigt werden, sich schnell zu entscheiden und schnell anzugreifen. Wenn ein defensiver Spieler die Verfolgung aufnimmt, muss der Angreifer diesem Spieler querlaufen, um seinen Körper zwischen Verteidiger und Ball zu bringen.

Das macht ein Tackling sehr schwierig. Bei Erwachsenen droht dem Verteidiger bei einem falschen Tackling ein Strafstoß und je nach Spielstärke und Schwere des Spiels eine Rote Karte.

Es ist unwahrscheinlich, dass es im Jugendbereich zu einer roten Karte kommt, es sei denn, das Spiel entspricht dem höchsten Niveau dieser Altersgruppe. Dennoch ist es wichtig, den Jugendlichen die beste Spielweise beizubringen.

Der Stürmer hat beim Angriff auf den Torwart mehrere Möglichkeiten. Damit der Stürmer die beste Entscheidung treffen kann, müssen die Geschwindigkeit, mit der er sich bewegt, der Grad der Ballkontrolle, die Position des Torwarts und der Annäherungswinkel berücksichtigt werden.

Wir empfehlen, alle Optionen zu üben, damit sich die Spieler bei der gewählten Route sicher fühlen.

Frühes Schießen: Der Torwart ist bestrebt, die Winkel für den Stürmer so schnell wie möglich zu verkleinern. Es kann effektiv sein, zu schießen, bevor der Torwart Zeit dazu hat. Die Vorteile dieses frühen Schusses sind:

- Der Stürmer steht weniger unter Druck.
- Der Torwart ist nicht darauf eingestellt, den Schuss abzuwehren.

Allerdings kommt der Schuss von weiter außen, was einen größeren Spielraum für Fehler bietet.

Schießen aus der Nähe des Torwarts: Ein guter Torhüter wird versuchen, den Winkel, in dem ein Schuss ins Netz geht, so klein wie möglich zu halten, sich selbst aber so groß wie möglich zu machen. Ein Stürmer, der zuversichtlich ist und weiß, dass er es schaffen wird, punktet normalerweise im 1-gegen-1-Spiel; wer unentschlossen ist, verfehlt normalerweise seinen Schuss oder dieser wird gehalten. Der Torwart ist daher bestrebt, diese Unentschlossenheit zu maximieren.

Ein Stürmer kann dies verhindern, indem er schießt, wenn er sich selbst in der besten Position fühlt. Ermutigen Sie die Stürmer bei Übungen, ihre Schläge fest mit dem Spann auszuführen. Der Ball sollte nahe zum Torwart gerichtet sein, aber weit genug weg, dass er nicht mit den Füßen gehalten werden kann. Oft wird ein fester Flachschuss unter den Torwart geschickt, während dieser versucht, sich so groß wie möglich zu machen.

Vor- und Nachteile dieses Ansatzes:

- Das Ziel sollte leicht zu treffen sein.
- Aber der Torwart ist gut aufgestellt und hat die Ecken zugemacht.

Dennoch ist dies in der Regel die Herangehensweise, die Stürmer am häufigsten anwenden. Wir können Kinder dazu ermutigen, dem Beispiel besserer Spieler zu folgen und diese Methode als ihre normale Herangehensweise zu betrachten. Das heißt nicht, dass sie sich nicht anpassen sollten, wenn die Umstände es erfordern. Daher sollten alle Methoden in Übungen geübt werden.

Den Torwart chippen: Sehr spektakulär; und sehr schwer zu erreichen. Das Ziel besteht darin, dass der Stürmer seine Schulter senkt oder „die Augen wandern lässt", um den Torwart dazu zu bringen, sich auf einen Sturzflug vorzubereiten. Beim Abstoß lehnt sich der Stürmer leicht nach hinten und sticht mit dem Fuß unter den Ball, um ihn anzuheben.

Dies ist zwar die spektakulärste Art, ein 1-gegen-1-Spiel mit einem Torwart zu beenden, und wenn es funktioniert, ist es äußerst befriedigend, birgt aber auch Risiken.

- Die Kontrolle von Richtung und Höhe ist schwierig, da der Ball mit den Zehen geschlagen wird.
- Wenn der Torwart sich nicht täuschen lässt und groß bleibt, kann er den Schuss leicht stoppen.

Den Torwart umgehen

Auch hier kann die Anwendung einer Täuschung dabei helfen, den Torhüter zu bannen. Der Stürmer möchte, dass er früh zu Boden geht, damit er umgangen werden kann. Eine gute Möglichkeit zum Üben besteht darin, junge Stürmer dazu zu bringen, einen Innenspann vorzutäuschen und den Ball mit der Außenseite in die entgegengesetzte Richtung weit zu ziehen. Auf diese Weise getäuscht, wird der Torwart wahrscheinlich in die falsche Richtung springen.

Die meisten Torhüter ziehen es vor, dass der Stürmer versucht, sie zu umgehen, und sie bereiten sich darauf vor, dies zu verhindern. Das allein ist ein guter Grund, diese Methode sparsam einzusetzen. Da Stürmer jedoch heutzutage dazu neigen, in 1-gegen-1-Situationen zu schießen, überrascht es manchmal, wenn der herannahende Mann oder die herannahende Frau versucht, den vorrückenden Torwart zu umgehen.

Dies ist besonders effektiv, wenn der Torwart versucht, zu schnell zu zumachen, da er sonst aus dem Gleichgewicht gerät, wenn der Ball die Richtung ändert.

Der Versuch, den Torwart zu umgehen, bringt Vor- und Nachteile mit sich. Auf der positiven Seite:

- Wenn der Torwart den Ball nicht richtig abfängt, ist ein Tor oder ein Elfmeter sehr wahrscheinlich.
- Torhüter erwarten einen Schuss.

Andererseits:

- Der Torwart kann über die volle Länge gehen, um den Ball zu gewinnen, daher muss er möglicherweise weit geschlagen werden, um am Gegner vorbeizukommen.
- Dadurch kann der Ball weit ins Tor gehen, was den Winkel für den Schuss schwierig macht, selbst wenn er in ein offenes Tor geht.

- Da der Vorgang langsamer ist als der Versuch eines Schusses, haben die Verteidiger einen größere Chance wieder in Deckung zu gehen.
- Angreifer könnten ihr Gleichgewicht verlieren, wenn sie bei hohem Tempo die Richtung wechseln.

Unabhängig davon, welchen Ansatz die Stürmer wählen, wenn sie den Torwart angreifen, ist es eine Übung, an der sie im Training wirklich viel Freude haben werden. Es ist eine Win-Win-Win-Situation.

Stürmer haben die Möglichkeit zu dribbeln (überprüfen), zu schießen (überprüfen) und zu punkten (doppeltes Häkchen). Torhüter haben die Möglichkeit, ein Held zu sein. Und wem gefällt das nicht? Vor allem, wenn sie zehn Jahre alt sind!

Lernen Sie Fußball, indem Sie fernsehen

Fußballspielen macht so viel Spaß, dass es kaum verwundert, dass es der beliebteste Mannschaftssport der Welt ist. Es ist eine Sportart, die fast ohne Ausrüstung ausgeübt werden kann. Etwas zum Treten (am besten ein Ball!) und zwei Springer als Torpfosten.

Gleichzeitig ist es in seiner organisierten Form hochtechnisch und komplex. Tore zu erzielen ist im Fußball relativ selten. Das ist wichtig für das Spiel. Zu verschiedenen Zeiten gab es Vorschläge, die Tore zu vergrößern, um die Wandlungs-Raten der Schüsse zu erhöhen. Aber der intensive Nervenkitzel beim Torerfolg wird dadurch noch verstärkt, dass es nicht so oft vorkommt.

Andere Gründe, die Fußball zu einem großartigen Zuschauersport machen, sind grundlegender Natur: Der Ball ist groß genug, um gut gesehen zu werden, und das Spielfeld ist groß genug, um große Menschenmengen zuzulassen.

Aber Fußball ist am besten, wenn die Spieler Leidenschaft haben. Leidenschaft beim Spielen … aber auch für das Spiel im Allgemeinen.

Das bedeutet, ein Team zu haben, das man unterstützen kann. Es ist eine Freude, Ihrem lokalen Team zuzuschauen, egal auf welchem Niveau es spielt, oder dem Team eines Freundes. Noch besser ist es, eine professionelle Seite zu unterstützen. Allerdings ist das in den USA aufgrund der Größe des Landes und der relativ wenigen Top-Proficlubs nicht so einfach wie in vielen anderen Teilen der Welt.

Live in Los Angeles und LA Galaxy ist die einzige vollprofessionelle Option. Live in London können junge Fans Arsenal, Chelsea, West Ham United, Charlton Athletic, Queens Park Rangers, Barnet, Crystal Palace, Fulham, Tottenham Hotspurs und so weiter besuchen.

Aber auch kleine Kinder können europäische Mannschaften verfolgen und sie regelmäßig im Fernsehen sehen. Es gibt viele Einflüsse, die aus einem Jugendlichen einen Fan machen, und Erfolg ist einer davon. Hier ist ein kurzer Überblick über einige der besten europäischen Teams. Unser Ziel ist es, die Begeisterung der Kinder für das Spiel zu wecken. Ja, sie lernen am meisten durch Spielen, aber eine Mannschaft zu unterstützen bedeutet, dass sie (sicherlich, wenn sie neun oder zehn Jahre alt sind) Spaß daran haben werden, ihre Mannschaft im Fernsehen zu sehen. Dann lernen sie, indem sie den Besten zuschauen, die Analysen von Experten nach dem Spiel studieren und die Leistung ihrer eigenen Lieblingsspieler beobachten. Das alles kann ihre Liebe zum Spiel nur fördern.

Spanien: Hier dominieren zwei Teams. Barcelona und Real Madrid. Wahrscheinlich sind sie die beiden erfolgreichsten Mannschaften Europas, ihre Dominanz wird jedoch nur entfernt von einer anderen Mannschaft, Atlético Madrid, in Frage gestellt.

Deutschland: Auch hier wird der deutsche Fußball derzeit von zwei Mannschaften dominiert. Das ist Bayern München mit seiner etablierten Erfolgsgeschichte. Aber derzeit haben die neuen Jungs im Block, Dortmund, die Nase vorn.

Frankreich: Während der französische Fußball auf nationaler Ebene auf Hochtouren läuft – sie haben 2018 die Weltmeisterschaft gewonnen – ist es auf Vereinsebene leider ein nicht wettbewerbsorientiertes Ein-Pferde-Rennen. PSG hat das ganze Geld und gewinnt daher alle Trophäen.

Italien: Während der französische Fußball auf Hochtouren läuft, hat der italienische Fußball ein wenig zu kämpfen. Aber es gibt jede Menge Konkurrenz auf Ligaebene. Die Mailänder Teams AC und Inter sind traditionelle Hochburgen. Roma sind auf einem Höhepunkt. Juventus ist derzeit das stärkste italienische Team.

England: Viele glauben, dass die englische Premier League die wettbewerbsintensivste ist, da jede der sechs Mannschaften häufig Pokal- und Ligasiege erzielt. Die meisten Spiele sind auch im Fernsehen verfügbar. Die Spitzenteams sind die Vereine Manchester, United and City, Liverpool und drei Londoner Mannschaften: Arsenal, Tottenham Hotspurs und Chelsea.

Sobald junge Spieler ihre Mannschaft haben, kann es eine wirklich nützliche Möglichkeit sein, sie im Fernsehen zu sehen, die ihnen hilft, das Spiel zu verstehen. Eltern und Trainer können es damit diesen jungen Spielern erleichtern, sich auf die vielen Aspekte des Spiels zu konzentrieren. Ermutigen Sie sie, sich mit ihrer Lieblingsmannschaft und ihren Lieblingsspielern auseinanderzusetzen. Das Beobachten von Meistern kann ihr Verständnis für die Techniken des Spiels nur verbessern. Spieler wie Virgil Van Dyke in der Abwehr, Mesut Özil im Mittelfeld, Lionel Messi oder Ronaldo im Sturm und insbesondere der neueste Star des Spiels, Kylian Mbappe, sollten sich positiv auf die Entwicklung junger Spieler auswirken.

In den folgenden Bereichen kann Fernsehen sowohl Unterhaltung als auch ein großartiges Lernerlebnis bieten. Dabei handelt es sich um Teile des Spiels, die bei der Analyse nach dem Spiel häufig aufgegriffen werden. Wenn diese jedoch nicht verfügbar oder für das, was wir erreichen möchten, ungeeignet sind, können uns die

Schaltflächen „Pause" und „Wiederholen" dabei helfen, die Berichterstattung zu unserem Vorteil zu nutzen. Einige Berichterstattungen verfügen über eine „Spielerkamera", die einen bestimmten Spieler verfolgt. Dies kann nützlich sein, um jungen Spielern zu zeigen, dass ihre Profihelden während eines Spiels hart arbeiten müssen. Wir haben für jeden Aspekt einen Tipp oder einen Schwerpunkt angeboten, aber diese variieren natürlich je nach den Interessen und Bedürfnissen der jungen Spieler sowie ihrer Einstellung zum Studium des Spiels.

Wir sollten nie aus den Augen verlieren, dass Fußball Spaß machen soll!

Bewegung: Vergleichen Sie die verschiedenen Bewegungen zwischen Angriff und Verteidigung. Eine erfolgreiche Bewegung führt dazu, dass die angreifenden Mannschaften ihre Spieler weit außen vorlassen, wobei Mittelfeldspieler und Nummer-10-Spieler versuchen, in die Lücken zwischen den Verteidigungslinien zu gelangen. Mittelstürmer versuchen, die Mittelfeldhälften aufzuteilen und so Lücken zu schaffen, die von ihrem Mittelfeld ausgenutzt werden können.

Im Gegensatz dazu wird man in der Abwehr versuchen, eine Viererkette in einer Reihe und wahrscheinlich eine Fünferkette im Mittelfeld aufrechtzuerhalten. Die Spieler verlassen ihre Position, um Druck auszuüben, und ihre Teamkollegen mischen sich dazu, um sie zu decken.

In einem früheren Kapitel haben wir Fußball mit einer Schachpartie verglichen. Wenn wir die Bewegung beobachten, sehen wir den ständigen taktischen Kampf, auf der einen Seite Raum zu finden und ihn auf der anderen zu verweigern. Für Erwachsene ist das faszinierend, aber für Kinder, die lieber spielen möchten, ist es ein leckeres Gericht, das man am besten in kleinen Portionen serviert.

Erster Kontakt und Schutz des Balls: Dies ist aus mehreren Gründen ein nützlicher Teil des Spiels, den man sich im Fernsehen ansehen kann. Meistens können wir sehen, wie die Fähigkeiten, die Kinder im Training erlernen, in einem Profispiel auf höchstem Niveau in die Tat umgesetzt werden. Wir können Kindern auch zeigen, dass selbst die besten Spieler manchmal etwas falsch machen. Das ist eine nützliche Lektion, um die Widerstandsfähigkeit zu stärken.

Körperhaltung (Verteidigung und Passannahme): Ein Unterschied, den junge Spieler hier bemerken könnten, ist, wie viel körperlicher das Spiel auf der Ebene der Erwachsenen ist. Viele der im Fernsehen gezeigten Ballkontakte würden in einem Juniorenspiel bestraft. Es ist immer schwierig, Kindern dabei zu helfen, eine gute Balance zwischen

Körperlichkeit und Fairness zu finden, aber der Fernseher kann jungen Spielern ein Extrem bieten.

Passen: Ein Trainer kann eine Auswahl von Nahaufnahmen von Spielern zusammenstellen, die den Ball passen, und diese als Trainingsinstrument für eine Passübung verwenden.

Entscheidungsfindung: Trainer können Clips zusammenstellen oder Live-Spiele oder Highlights einfrieren und junge Spieler dazu bringen, über die von ihnen getroffenen Entscheidungen zu diskutieren, welche Entscheidungen gut sind und welche falsch eingeschätzt werden. Anschließend können die Clips abgespielt und die Ergebnisse der Entscheidungsfindung besprochen werden.

Mannschaftsaufstellung: Von oben kann man einen großartigen Blick auf die Aufstellung einer Mannschaft werfen, sogar noch besser als von oben in einem Stadion. Auch hier können Trainer ihre eigenen Clips zusammenstellen und einen Quiz erstellen, bei dem sich die Mannschaft eine Formation ansieht und die Aufstellung bespricht, die der Profitrainer verwendet hat. Dies kann eine tolle Aktivität bei einem Treffen zum Saisonende sein oder als Abwechslung zu einer langen Trainingseinheit vor der Saison, bei der die Spieler gelegentlich eine Pause von der körperlichen Arbeit brauchen.

Teamdruck: Das Schwierigste daran, junge Spieler dazu zu bringen, als Team Druck auszuüben, besteht darin, den Spielern das Verständnis zu vermitteln, dass jeder von ihnen eine entscheidende Rolle spielt. Dabei geht es nicht nur darum, dass der Spieler einen Gegner ausschaltet, sondern auch um den Außenverteidiger auf der gegenüberliegenden Seite des Spielfelds, der sicherstellt, dass sich sein Flügelstürmer bei zwei Pässen nicht in einem gefährlichen Raum wiederfindet. Zu diesem Verständnis kann es hilfreich sein, zu beobachten, wie professionelle Teams den hohen Druck bedienen. Bringen Sie junge Spieler dazu, ihr Pendant in den ausgestellten Profimannschaften zu sehen.

Übergang: Die Geschwindigkeit des Übergangs, die Bewegung der Spieler und das One-Touch-Passspiel machen dies zu einem der aufregendsten Teile des Spiels. Allein das Zuschauen, wie sich das Spieltempo in einem spannenden Tempo verändert, ist ein Riesenspaß. Wenn sie großartigen Spielen zuschauen, sind Kinder engagiert, und wenn sie engagiert sind, lernen sie.

Was wir sagen ist, dass der Trainer die Übergangsphase in Fernsehspielen ablaufen lassen sollte. Vielleicht kommt er oder sie später noch einmal zurück, um die Rollen einzelner Spieler zu besprechen, vermeidet es aber, den Spielfluss zu stören.

Offensive Spielzüge: Es macht großen Spaß zu sehen, wie Übungen, an denen wir in unseren eigenen Trainingseinheiten gearbeitet haben, auf höchstem Spielniveau eingesetzt werden. Wenn es für uns als Trainer und Erwachsene toll ist, dann ist es für Kinder noch spannender.

Defensive Spielzüge: Dito wie oben.

Spielmanagement: Wir haben dies aus einem negativen Grund aufgenommen. Spielmanagement ist eigentlich ein Euphemismus. Es ist eine Art und Weise, wie Profis und Experten negative Spielzüge wegerklären, die darauf abzielen, einen Vorteil zu wahren. Wir möchten, dass unsere jungen Spieler den Sport so genießen, wie er sein sollte, und sich nicht nur darauf konzentrieren, ein Spiel zu gewinnen.

Warum sollte man sich mit 2:1 zufriedengeben, wenn das Ergebnis auch 4:3 sein könnte?

Ein Kapitel für Eltern

Wie können Eltern ihren Kindern helfen, das Beste aus dem Fußball herauszuholen? Hoffentlich sind die Punkte, die wir in dem Buch hervorgehoben haben, diejenigen, die Eltern akzeptieren können.

Grundsätzlich sind wir der Meinung, dass es beim Fußball für junge Menschen darum geht, Fähigkeiten zu entwickeln, die ihnen während ihres gesamten Lebens im Fußball von Nutzen sein werden. Es geht darum, die Freude zu gewinnen, die es mit sich bringt, ein Team zu unterstützen, und sich für die Fanseite des Spiels zu interessieren.

Wir argumentieren, dass die Tätigkeit eines Fußballspielers den jungen Spieler auf das Leben vorbereitet. Die mentale Stärke, die das Spiel verleihen kann, überträgt sich auf viele andere Aspekte der Bewältigung der Herausforderungen des Lebens in der modernen Welt.

Dass die Kameradschaft, Freundschaft und Zusammenarbeit, die auf dem Fußballplatz, im Vereinsheim und vielleicht am allermeisten im Trainingslager herrscht, dazu beitragen, das Leben noch besser zu machen, als es ohnehin schon ist. Vor allem aber haben wir Wert daraufgelegt, dass es Spaß machen soll, einer Fußballmannschaft beizutreten.

Die Vorteile für Eltern

Natürlich melden wir unsere Kinder an, weil sie spielen wollen. Wir sind uns darüber im Klaren, dass wir uns auf absehbare Zeit auf schmutzige Autos und schmutzige Stiefel einlassen. Unser Leben als Taxifahrer für unsere Kinder wird etwas hektischer, wenn das möglich ist. Aber wir tun es gerne, aber es macht unsere Kinder glücklich.

Aber wir können ein wenig egoistisch sein. Auch wir werden davon profitieren, wenn wir Fußball-Mutter oder -Vater werden. Berücksichtigen Sie folgendes:

- Wir haben das Vergnügen, unseren Kindern dabei zuzusehen, wie sie etwas tun, das ihnen Spaß macht. Sport anzuschauen ist an sich schon interessant. Wenn wir ein persönliches Interesse am Spiel haben, ist dies umso mehr der Fall.
- Wir kommen mit einer Gemeinschaft zusammen, die die selben Interessen hat wie wir. Am Rande der Party plaudern, in der Bar ein Bier trinken – das sind sehr vergnügliche

Freizeitbeschäftigungen. Zu keinem anderen Zeitpunkt möchten wir, dass sich unsere Kinder langsamer umziehen oder ihre Stiefel länger wegpacken.
- Wir wissen, dass sich unsere Kinder in einer sicheren Umgebung aufhalten und sinnvolle Übungen machen können.

Aber Freude bringt auch Verantwortung mit sich, und Fußball-Eltern zu sein hat auch seine Herausforderungen. Es lohnt sich durchaus, sich ihnen zu stellen, denn die Vorteile überwiegen bei weitem, aber für frischgebackene Fußballeltern ist es am besten, einen Eindruck von den sanften Wellen in der Ferne auf dem ansonsten vollkommen ruhigen Meer der Sportfreude zu haben.

Unseren Wettbewerbsgeist selbst kontrollieren

Es gibt einen bekannten Ex-Fußballspieler mit Weltruf, der sich jetzt mit Sportpräsentationen beschäftigt. Er hielt die beeindruckende Leistung, weder vom Platz gestellt noch verwarnt worden zu sein. Eine solche Leistung spiegelt seine Fairness und seinen Sportsgeist wider. Sein Ruf als Vorbild und die Präsentation von Fernsehprogrammen vor Millionen Menschen auf der ganzen Welt geben ihm die Möglichkeit, seine Ansichten zu einem breiten Themenspektrum zu äußern. Es ist wahrscheinlich am besten, diese Persönlichkeit nicht beim Namen zu nennen, da wir gleich eine seiner Ansichten ein wenig kritisch sehen werden.

Vor ein paar Jahren postete er, nachdem er seinen eigenen Kindern beim Fußballspielen zugesehen hatte, eine Reihe von Tweets, in denen er seinen Abscheu gegenüber den Eltern am Spielfeldrand zum Ausdruck brachte. Er hat Recht, daran besteht kein Zweifel, aber er hat es wahrscheinlich übertrieben.

Es gibt zweifellos einige Eltern, die sich danebenbenehmen. Was mit ziemlicher Sicherheit zur völligen Verlegenheit ihrer Nachkommen führt. Das sind Eltern, die mehr wissen als der Trainer (vielleicht wissen sie es, aber es ist nicht ihre Aufgabe, es zu zeigen). Sie kritisieren die Leistung des Schiedsrichters. Wir alle machen Fehler. Sogar Schiedsrichter. Aber diese Eltern wissen, dass sie selbst fehlerlos sind (sie kommentieren ihre eigenen kleinen Fehler ironisch) und erwarten von anderen, dass sie ihren Ansprüchen gerecht werden. Sie beschimpfen die Opposition – was schlichtweg unhöflich ist. Sie schreien ihr eigenes Kind an und schädigen so sein Selbstvertrauen und sein Selbstwertgefühl. Am schlimmsten ist vielleicht, dass sie ihre eigene Mannschaft kritisieren, insbesondere wenn ein Mitspieler es versäumt hat, auf den eigenen Nachwuchs zu passen.

Wahrscheinlich sind sie in allen anderen Aspekten ihres Lebens durchaus anständige Menschen, gutherzig und unterstützend. (Eigentlich sagen wir das nur. Viele Personen dieser Art schikanieren andere in ihrem weiteren Leben ebenso wie sie es vom Rande tun. Aber nicht alle. Für einige gibt es Hoffnung. Und wir wissen nicht, wer dieses Buch lesen könnte). Doch wenn sie den Sportplatz erreichen, übernimmt sie etwas, wie ein böser Geist, der größtenteils in Schach gehalten wird. Dieser Dämon ist ihr eigener übermäßig wettbewerbsorientierter Charakter. Er macht sie blind für die Realität; er nimmt ihnen die Hemmungen, die sie normalerweise nie dazu bringen würden, ein unbekanntes Kind oder einen völlig Fremden zu beschimpfen. Er bringt sie in jeder Hinsicht in Verlegenheit, außer in ihren eigenen Augen.

Unsere namenlose Sportikone ging zu weit. Er schlug vor, dass Eltern bei einem Spiel nur klatschen sollten. Dass die überwältigende Mehrheit nicht wusste, wie man sich benehmen sollte. Er hat Unrecht. Meistens. Aber so schwer es auch zu sagen ist: Wenn wir der Elternteil – die Mutter oder häufiger der Vater – sind, der ein elterlicher Hooligan ist, dann müssen wir das erkennen und etwas dagegen unternehmen. Wir sind es dem unbezahlten Trainer schuldig, der bereitwillig seine Zeit schenkt; dem Schiedsrichter, ohne den das Spiel nicht stattfinden könnte. Wir sind es den Spielern und unserem eigenen Kind schuldig.

Vortrag beendet. Puh. Aber es musste gesagt werden.

Definieren von Zielen und Vorgaben

Wir haben festgestellt, dass Gewinnen ein angenehmer Nebeneffekt von Engagement, Übung, Teamarbeit, Belastbarkeit, Geschick usw. ist. Wenn wir uns mit unseren Kindern Ziele setzen, sind es also die Aspekte des Fußballs – des Sports – des Lebens, die wir fördern.

Ziele im Fußball unterscheiden sich kaum von Zielen im Leben. Die besten sind klein und erreichbar und kein entfernter, verschwommener Fleck am Horizont. Beispielsweise ist das Passen mit einem schwächeren Fuß spezifisch; Mit 8 Jahren in die regionale U15-Mannschaft zu kommen, ist nicht der Fall.

Für Kinder kann es schwierig sein, sich solch ein spezifisches Ziel auszudenken. Wenn Sie ihnen beibringen, auf diese Weise zu denken, können sie sich realistische Ziele im Leben setzen, nicht nur im Fußball.

Ziele sollten messbar sein. „Ich werde gut spielen" ist also schwer zu beurteilen. Die Definition „gut" erfordert einen Kontext, anhand dessen sie beurteilt werden kann. Allerdings lässt sich die Aussage „Ich werde den Ball in drei Vierteln aller Fälle genau spielen" leicht im Auge behalten.

Außerdem sollten sie erreichbar sein. So verlockend es für ein Kind auch sein mag, für sein Land spielen zu wollen, so kommt es doch nicht oft vor. Das ist ein Traum, kein Ziel. Es ist in Ordnung, Träume zu haben. Aber wir messen nicht ihren Erfolg. Ein erreichbares Ziel wäre, dass ein Spieler hart an seiner Fitness arbeitet, damit er in den letzten zehn Minuten eines Spiels noch Box-zu-Box-Läufe schafft.

Natürlich muss ein Ziel relevant sein. Auch hier fällt es jüngeren Kindern oft schwer, ihr Denken relevant zu strukturieren. „Ich bekomme ein T-Shirt mit MESSI auf dem Rücken" ist ein Ziel und könnte erreicht werden. Allerdings wird es den Fußballfähigkeiten dieses Kindes nicht viel bringen.

Schließlich müssen Ziele einen Endpunkt haben. „Bis Weihnachten werde ich in Spielen zehn Schlüsselpässe gemacht haben" ist ein messbares Ziel.

Spezifisch

Messbar

Erreichbar

Relevant

Zeit gebunden

Das sind, wie wir sehen können, KLUGE Ziele. Es ist viel besser, ein KLUGes Ziel zu haben als ein dummes. Indem wir unseren Kindern dabei helfen, sich kluge Ziele für den Fußball zu setzen, für den sie hochmotiviert sind, erhalten sie einen praktischen Vorsprung bei der Festlegung von Zielen für ihr Studium und für andere Bereiche des Lebens, die möglicherweise sogar wichtiger sind als Fußball. (Wenn so etwas möglich ist).

Nützlicher Hinweis: Der große Bill Shankly sagte einmal: „Manche Leute glauben, dass es beim Fußball um Leben und Tod geht." Ich bin sehr, sehr enttäuscht von dieser Einstellung. Ich kann Ihnen versichern, dass es weitaus wichtiger ist als Leben oder Tod.

Erwartungen

Haben Sie schon einmal ein Rugby-Union-Spiel gesehen? Als Sport erfreut er sich in den USA wachsender Beliebtheit und erfreut sich in Kanada großer Beliebtheit, obwohl er in der östlichen Hemisphäre, insbesondere in der Antipodenregion und Nordeuropa, nach wie vor am beliebtesten ist.

Es ist ein kompliziertes Spiel, aber sehr unterhaltsam. Wenn Sie die Möglichkeit haben, die Kabelkanäle zu durchsuchen und einen passenden Sender zu finden, wird sich die Zeit und Mühe auf jeden Fall lohnen. Hören Sie zu, wenn eine Strafe verhängt wird und ein Spieler in Schwierigkeiten ist. Antworten? Niemals. In der Tat, wenn man einem haarigen Unmenschen dabei zusieht, wie er zu dem ohrenbetäubenden Lärm des Mannes mit der Trillerpfeife ein sanftmütiges „Ja, alles klar" von sich gibt.

Das sieht man im Fußball nicht, und das ist schade.

Aber indem wir unsere Kinder dazu erziehen, eine Entscheidung zu respektieren und zu akzeptieren, verbreiten wir guten Sportsgeist. Dazu gibt es einiges zu sagen.

Die Bedeutung der Praxis

Normalerweise ist es nicht schwierig, Kinder für Spiele fit zu machen, wöchentliche Trainingseinheiten können eine andere Sache sein. Allerdings sorgt ein guter Trainer dafür, dass die Einheiten Spaß machen und im Verein eine gute Stimmung herrscht. Die alten Tom Sawyer-Werte, bei denen Trainer den von ihnen betreuten Jugendlichen Angst einjagten, sind längst vorbei.

Sicherlich gibt es diejenigen, die den Mangel an Härte beklagen, die solche Regime einst vermittelt haben. Aber sie sind in der Regel diejenigen, die gut auf diese Art von Training durch Niedermachen reagierten und am Ende erfolgreich waren. Für jede Erfolgsgeschichte wie die ihre gibt es unzählige andere Spieler, die das Spiel aufgegeben haben, weil der Druck zu groß oder die Trainingseinheiten zu negativ wurden.

Allerdings gibt es Zeiten, in denen andere Attraktionen mehr als neunzig Minuten entspanntes Training erfordern. Den Eltern fällt dabei eine schwierige, aber notwendige Aufgabe zu, sicherzustellen, dass ihre Kinder ihren Verpflichtungen nachkommen. Diese Loyalität ist eine Lebenskompetenz, die ihnen beim Eintritt in die Erwachsenenwelt von Nutzen sein wird.

Umgang mit Misserfolg und Enttäuschung

Wir reden hier über das Versagen und die Enttäuschung unserer Kinder, nicht über das der Eltern! Kinder sind hartes Zuckerwerk. Im Halbfinale eines großen Turniers ausgeschieden und das Spiel um Platz drei im Elfmeterschießen verloren. Schlimmer geht es nicht. Es kann sein, dass die Spieler für eine Weile ausfallen. Manchmal, gerade bei jungen Mannschaften, kann es sogar zu ein paar Tränen kommen.

Aber zehn Minuten später hüpfen sie ganz normal herum. Auf dem langen Heimweg ist es im hinteren Teil des Busses genauso laut wie immer, da die kreischenden Stimmen einfach weitermachen. Der Trainer könnte verpasste Gelegenheiten und Chancen bereuen, aber es ist unwahrscheinlich, dass seine Mannschaft dies tun wird. Weil es uns Spaß macht, Kinder zu trainieren – und junge Menschen sind sehr, sehr gut darin, die Dinge im Blick zu behalten.

Das ist richtig. Entgegen den Worten von Bill Shankly ist Fußball nicht wichtiger als Leben und Tod. Es macht Spaß. Es handelt sich um eine Sportart, die aus Freude am Laufen und Ballschießen und beim Zusammensein mit Teamkollegen ausgeübt wird.

Es sollte also nicht wirklich darum gehen, mit Misserfolgen und Enttäuschungen umzugehen. Wo dies der Fall ist, wurden diese

Emotionen aller Wahrscheinlichkeit nach von Trainern oder Eltern selbst erfahren.

Stattdessen kann Misserfolg als nächster Schritt zum Erfolg gesehen werden, Enttäuschung als Chance, die nächsten guten Zeiten noch besser zu erleben.

Mit anderen Worten: Eine positive Einstellung erzeugt Positivität.

Eine weitere Lektion fürs Leben.

Schlussfolgerung

Kindern den Fußball näher zu bringen, ist eine wertvolle und lohnende Aufgabe. Wir sind vielleicht ein Trainer und opfern unsere Zeit und Energie, um einer Gruppe von Jugendlichen die Chance zu geben, einen Sport auszuüben, der sie fit macht, auf das Leben vorbereitet und ihnen jede Menge Spaß bietet. Oder ein Elternteil, der mit seinen Kleinen eine Runde im Park spielt, dafür sorgt, dass ihre Stiefel und Schienbeinschoner sauber und einsatzbereit sind, und Autos voller energiegeladener Jugendlicher durch den Staat fährt. Vielleicht sind wir Lehrer und möchten unseren Klassen die Möglichkeit geben, Fußball zu spielen.

In jedem Fall wird sich die Zeit, die wir investieren, mehr als lohnen. In diesem Buch haben wir Trainertipps und Übungen zu wichtigen Aspekten des Fußballs gegeben. Angriff, Verteidigung, Passspiel und Dribbling. Diese Geschicklichkeitstrainings sind speziell auf junge Spieler zugeschnitten und berücksichtigen deren körperliche und emotionale Entwicklung.

Wir haben untersucht, wie das Fernsehen jungen Spielern helfen kann, indem es sie mit den besten Spielern und größten Experten der

Welt bekannt macht. Wie es die Begeisterung fördern kann, indem man die Lieblingsmannschaft oder den Lieblingsspieler zu sich nach Hause holt. Das Fernsehen kann jungen Fans und Teilnehmern die Spannung eines auf höchstem Niveau gespielten Spiels vermitteln, und zwar nicht nur durch Spiele, sondern auch durch die fachmännische Analyse der Leistungen nach dem Spiel.

Auch Videoclips auf Seiten wie YouTube können junge Spieler inspirieren und weiterbilden.

Wir haben uns mit der wichtigen Rolle der Eltern befasst und sind uns darüber im Klaren, wie wichtig es ist, unsere Kinder zu unterstützen, ohne durch ihre Bemühungen unsere eigenen Träume zu verwirklichen.

Vor allem haben wir gesehen, dass unsere Jugendlichen durch die Einbindung in den Fußball Lektionen und Disziplinen lernen, die weit über die Seitenlinien eines Fußballplatzes hinausgehen. Dabei handelt es sich um Fähigkeiten und Kompetenzen, die ihnen dabei helfen, gute Beziehungen aufzubauen und aufrechtzuerhalten und im Erwachsenenalter oder im Studium und im Berufsleben erfolgreich zu sein.

Wir haben untersucht, wie wichtig es ist, zu verstehen, wie sich Kinder emotional und körperlich entwickeln, und wie diese die Übungen, die wir durchführen, und die Art und Weise, wie wir mit heranwachsenden Kindern umgehen, beeinflussen. Vor allem haben wir versucht zu betonen, wie wichtig es ist, dass Fußball Spaß macht. Es macht von Natur aus großen Spaß, diesem Sport zuzuschauen und noch mehr, ihn zu spielen. Aufgrund der Einfachheit des Spiels ist er perfekt für junge Leute geeignet.

Die Form des Fußballs mit runden Bällen erfreut sich in den USA sowohl bei Jungen als auch bei Mädchen immer größerer Beliebtheit. Hoffen wir, dass wir zu diesem Wachstum beitragen und dem Sportleben des Landes und seiner wichtigsten Menschen – der Jugend – ein weiteres Stück beitragen können.

Das Ende...fast!

Bewertungen sind nicht leicht zu bekommen.

Als unabhängiger Autor mit einem winzigen Marketingbudget bin ich darauf angewiesen, dass Leser wie Sie eine kurze Rezension auf Amazon hinterlassen.

Auch wenn es nur ein oder zwei Sätze sind!

Wenn Ihnen das Buch gefallen hat, dann bitte…

Ich bin sehr dankbar für Ihre Bewertung, da sie wirklich einen Unterschied macht. Ich danke Ihnen von ganzem Herzen, dass Sie dieses Buch gekauft und es bis zum Ende gelesen haben.

www.ingramcontent.com/pod-product-compliance
Lightning Source LLC
Chambersburg PA
CBHW070355120526
44590CB00014B/1149